Saúl de San José Arroyave Arango

La palabra de dios

Saúl de San José Arroyave Arango

La palabra de dios

En los sacramentos y la oracion

CREDO EDICIONES

Imprint

Cover image: www.ingimage.com

Publisher:
CREDO EDICIONES
is a trademark of
International Book Market Service Ltd., member of OmniScriptum Publishing Group
17 Meldrum Street, Beau Bassin 71504, Mauritius

Printed at: see last page
ISBN: 978-620-2-47868-7

LA PALABRA DE DIOS
EN
LOS SACRAMENTOS
Y EN
LA ORACIÓN

SAÚL DE SAN JOSÉ ARROYAVE ARANGO
DIÁCONO PERMANENTE.

CONTENIDO

SEGUNDA PARTE:

TERCERA PARTE:

PRESENTACIÓN

La Catequesis ha sido siempre una preocupación central en mi ministerio de sacerdote y de obispo, (San Juan Pablo II, Catechesi Tradendae 4)

Esta afirmación del gran pontífice San Juan Pablo II, nos hace pensar que también hoy, si queremos responder a la "gran tarea de custodiar y alimentar la fe del pueblo de Dios" (DA10), la catequesis debe ser una preocupación central en la vida y ministerio de los Obispos, de los Sacerdotes y de los Diáconos, pero también es responsabilidad de los laicos formados, maduros y comprometidos, particularmente de los padres de familia y maestros.

En este valle de Aburrá, así como en Colombia y América Latina y del Caribe, ciertamente hay muchos bautizados que desafortunadamente no están suficientemente evangelizados, y por su vida no corresponde, muchas veces, a su condición de hijos adoptivos muy amados de Dios, que recibieron en el bautismo, fortalecieron en la confirmación y alimentan de la Sagrada Eucaristía.

En realidad, hemos mejorado mucho en el campo de la catequesis. Los padres de familia, poco a poco, van comprendiendo que, si ellos han dado la vida a los hijos, son también ellos los primeros y mejores trasmisores de la fe, con la palabra y el ejemplo. Ha sido muy significativo el avance en la formación de los catequistas, pero todavía nos falta mucho camino por recorrer. El nivel de ignorancia religiosa es aún muy alto.

Por eso me parece bien acertado y oportuno el fruto de un esfuerzo grande y generoso del Diacono Permanente Saúl de San Jose Arroyave Arango "LA PALABRA DE DIOS EN LOS SACRAMENTOS Y EN LO ORACIÓN". Es un aporte muy valioso y enriquecedor para la buena formación de los catequistas, bien iluminado con la Sagrada Escritura y apoyado en el Magisterio de la Iglesia. Con el fin de aprovechar mejor este instrumento, queda a la responsabilidad creativa del catequista, la tarea de ingeniarse una metodología muy ágil para presentar adecuadamente estos contenidos tan sustanciosos, que presento gustosamente con las felicitaciones cordiales para su autor, el Diácono Permanente Saul De San José Arroyave Arango

+ ROBERTO LOPEZ LONDOÑO
OBISPO EMÉRITO DE JERICÓ

AGRADECIMIENTOS.

A Monseñor Roberto López Londoño
Obispo Emérito de Jericó Antioquia
Por su colaboración

A Monseñor Guillermo Melguizo Yepes
Vice-rector I T E P A L
Por su colaboración y revisión.

A Laura María Arroyave Carvajal
Comunicadora EAFIT
Por su colaboración y revisión

A La Escuela de Formación San Lorenzo
Diaconado Permanente
Por su estímulo

INTRODUCCIÓN

La Palabra de Dios, en los Sacramentos y la Oración no es en sí un escrito más sobre la catequesis para la preparación de los sacramento y la oración; aunque si podemos vivir una experiencia adentrándonos en el conocimiento de la Palabra de Dios, que nos va a permitir tomar conciencia de nuestra identidad y comprender mejor lo que hoy significa, desde los sacramentos y la oración ser discípulos y misioneros de Jesucristo.

Espero que todos nos sintamos discípulos del Señor y tengamos muy claro que nuestra gloria no está en ser maestros, sino en ser discípulos del único maestro.

La Iglesia, segura de la importancia de la experiencia religiosa, de la vivencia comunitaria y de la formación Bíblica pastoral, nos llama a todos, en especial a los presbíteros, diáconos y catequistas, a la misión permanente de promover mediante el anuncio del Evangelio, el Reino de Dios y la Dignidad Humana.

Vivimos también nuestra experiencia espiritual, con la oración que Jesús nos enseñó y que la iglesia sigue enseñándonos; con la participación en la eucaristía (Misa) como memorial de su sacrificio

Con un lenguaje sencillo que todos pueden entender, sin perder su profundidad, se ofrece como medio de evangelización a los jóvenes y adultos, para dar una respuesta al anuncio de Jesús sobre el Reino de los Cielos.

Su contenido en tres partes, nos ayudan a reflexionar sobre el amor misericordioso de Dios, que nos salva del pecado y nos da una vida nueva, permitiéndonos comprender que nuestros sufrimientos, unidos a los de Jesús tienen un valor redentor.

Este libro, fruto de la profunda experiencia de comunión y de reflexión que he tenido como diacono permanente de la Arquidiócesis de Medellín, durante más de diez años; y contribuir así, para que la Palabra de Dios sea vivida en los Sacramentos y en la oración.

SAÚL DE SAN JOSE ARROYAVE ARANGO
Diácono Permanente

PRIMERA PARTE

LA PALABRA DE DIOS
EN LOS SACRAMENTOS Y EN LA ORACIÓN

LA PALABRA DE DIOS

La Palabra de Dios, es insustituible en la vida de la iglesia y del discipulado cristiano; es la fuente primordial de su identidad. En el contacto asiduo y permanente con Ella, el discípulo confronta su vida y se va descubriendo como hijo de Dios.

La Palabra de Dios que se hizo carne en Jesús de Nazaret [1], se expresa en la Sagrada Escritura, es vivenciada y transmitida en la tradición y sucesión apostólica; se hace presente, se comparte y se celebra en la comunidad de discípulos.

La cercanía y el trato con la Palabra de Dios, hace en el creyente las mismas actitudes y sentimientos de Cristo Jesús.[2] Ella lo hace autentico discípulo, en la escucha, disponibilidad, compasión, y humildad. [3] como también en el encuentro existencial con la persona de Jesucristo vivo, cuyo misterio pascual interpela la vida en su ser, en su relación, en su actuar y en su desempeño que nos invita a vivir una actitud contemplativa en la historia, en los signos de la presencia de Jesús [4] en los sacramentos y en la vida de las personas, especialmente en los pobres [5]

Ella se hace presente en la dimensión celebrativa, que el discípulo realiza en comunidad [6] y lo mueve a un compromiso transformador y de presencia en el mundo.

La Iglesia anuncia la Palabra de Dios y ella es quien acoge y se convierte en respuesta de fe. Por eso la Palabra de Dios la impulsa no solo a hacer discípulos, sino a formar hombres y mujeres configurados en Jesucristo [7], obedientes al Espíritu, testigos y constructores de una nueva sociedad, justa y solidaria. Con alegría se constata, que la lectura orante de la Biblia ayuda a entrar en comunión con Dios, a leer a la luz de la fe la historia y la realidad del pueblo de Dios, a organizar comunidades de fe y compromiso de transformación de la sociedad.

El primer anuncio, el kerigma forma parte del ministerio de la Palabra; las demás acciones pertenecen al ministerio de la diaconía, aunque el kerigma, también acompaña y se hace presente al momento de la iniciación cristiana y de la vida en comunidad [8].

En la etapa, de acción misionera se orienta a despertar el interés por el evangelio y a suscitar la conversión inicial. Por eso la catequesis es consecuencia del primer anuncio, misionero y kerigmatico 9.

La catequesis no debe preocuparse solo por alimentar la fe, sino suscitarla continuamente, de abrir el corazón, de preparar a una adhesión global por Jesucristo, es decir la catequesis debe desarrollar y cumplir tareas misioneras.

1- Juan 1. 14
2- Filipenses 2. 5
3- Mateo 10. 1
4- Juan 5. 39
5- Mateo 25. 31-46
6- Deum Verbum No 25
7- Filipenses 3. 10
8- Directorio General de Catequesis No 49
9- Directorio General de Catequesis No 61 y 62

La Iglesia existe para evangelizar 10 debe acentuar su ser dialogante y alegre, de modo quienes se sientan alejados de su mensaje, podrán descubrir que la Iglesia toda les despierta preguntas olvidadas acerca del sentido de la vida, les abre a nuevos horizontes y les da un testimonio convincente de fraternidad y solidaridad; al ser auténticamente dialogante, no solo propone y anuncia, sino que además escucha, aprende, se enriquece.
Con ello la iglesia demuestra que efectivamente todo lo humano le interesa, que los católicos se preocupan de verdad porque sus hermanos sean felices, de otro modo no habrá posibilidad de que las personas alejadas se interesen siquiera en escuchar sobre Jesús y su Evangelio.

Para un nuevo talante de fe, esperanza y caridad de los católicos, la iniciación cristiana que hoy la iglesia desea recuperar, tiene como fundamento y punto de partida el kerigma, el anuncio alegre, directo e incisivo de Cristo vivo 11.
Por eso la iglesia debe tener presente, el kerigma en todas sus acciones, para comunicarlo a quienes han de iniciarse en la fe cristiana y especialmente cuando se dirige a los bautizados no convertidos, que desconocen la persona y el anuncio de Jesucristo.
Es necesario pues volver a anunciar a Cristo en nuestros ambientes, se trata sin duda de una urgencia pastoral; o anunciamos nuevamente a Jesucristo o el mundo ya no será más cristiano.

El kerigma es el ser y que hacer de la iglesia, nada de lo que haga puede obviar el anuncio siempre nuevo de Jesucristo muerto y resucitado, 12, no es solo una etapa, sino el hilo conductor de un proceso que culmina en la madurez del discípulo de Cristo, 13 sin él otras etapas de la evangelización estarían condenadas a la esterilidad, sin corazones verdaderamente convertidos al Señor 14

10- Exhortación Apostólica Evangeli Nuntiandi No 14
11- Hechos 2. 22-24 y 5. 29-32
12- 1ª Corintios 15. 1-11
13- Efesios 4. 13
14- Directorio General de Catequesis No 64

LOS SACRAMENTOS.

Los sacramentos son signos sensibles y eficaces de la gracia, instituidos por Jesucristo, para santificar nuestras almas, y confiados a la Iglesia para su administración.
El catecismo de la Iglesia, define los sacramentos como "una cosa "sensible que por institución divina tiene la virtud tanto de significar como de conferir la gracia santificante.

ELEMENTOS DE LOS SACRAMENTOS

Los elementos que constituyen la noción de sacramentos son.

1- Es una cosa sensible, es decir, que puede percibirse por los sentidos corporales, (el agua en el bautismo, el pan y el vino en la eucaristía etc.)
2- Esa cosa sensible es, además, signo de otra realidad llamada gracia. Por eso, a la cosa se le llama también signo sacramental.
3- Han sido instituidos por Jesucristo en su vida terrena
4- Tienen eficacia sobrenatural para producir la gracia en el alma del que lo recibe. No solo significa la gracia sino sobre todo, la produce de hecho.

El signo sensible lo componen conjuntamente la materia y la forma, y es a lo que la Iglesia da el nombre de sacramento.
El elemento material se llama materia del sacramento, y las palabras que lo completan y dan su eficacia a la materia se denomina forma.
Cuando la forma es pronunciada por el ministro con la intensión de hacer lo que hace la Iglesia, Dios confiere su gracia a través del sacramento, que es el instrumento del que se sirve para santificarnos. Tenemos ahí el signo externo de la gracia (materia y forma) y la gracia conferida.
La materia y la forma constituyen la esencia del sacramento y no pueden variarse o modificarse, pues fueron determinadas por la institución divina

La Sagrada Escritura hace resaltar esos dos elementos esenciales. 15. Del mismo modo, la Tradición Apostólica da testimonio de que los sacramentos se administraron siempre por medio de una acción sensible y de unas palabras que acompañan la ceremonia.

La palabra "gracia "en los sacramentos se refiere, a la gracia sobrenatural; es decir los auxilios sobrenaturales que hacen posible al hombre la consecución del fin sobrenatural al que Dios lo ha destinado. Por eso se afirma que la gracia es:

1- Todo don sobrenatural que Dios da al hombre.
2- Por gratuita benevolencia
3- Para que pueda alcanzar su fin sobrenatural.

Se dice: que es un don pues es un beneficio que Dios otorga, es sobrenatural pues lo comunica en la misma vida de Dios, la cual es sobre-natural, es decir sobre toda naturaleza creada, es gratuito porque siendo superior a la naturaleza, no hay fundamento para exigirlo, sino que procede de la bondad del Padre, es un don para alcanzar el fin.

15- Efesios 5. 25 Mateo 26. 26ss y 28. 19 Hechos 6. 6-18 Santiago 5. 14

Sobrenatural: habiendo sido el hombre destinado a este fin, es provisto por Dios de un medio proporcionado- la gracia- para alcanzarlo.

Los sacramentos, se llaman signos eficaces de la gracia, pues de un modo infalible la producen en el alma. Es decir, los sacramentos actúan por el mismo hecho de realizarse, dan la gracia en virtud del rito sacramental que se lleva a cabo.
Los sacramentos: son, en efecto, una presencia misteriosa de Cristo invisible, que actúa de modo visible a través de esos signos eficaces.

Es bueno anotar lo que señala el Concilio Vaticano II, que los sacramentos tienen la virtud de identificarnos con Cristo, por medio de la gracia que confieren: por ellos somos incorporados a los misterios de su vida, configurados con Él, muertos y resucitados, hasta que con Él reinemos 16. Sistematizando, las consecuencias de esa identificación con Cristo, podemos afirmar, que tres son los efectos que producen los sacramentos:

EFECTOS DE LOS SACRAMENTOS.

1- La gracia santificante, que se infunde o se aumenta
2- La gracia sacramental, específica de cada sacramento
3- El carácter que es producido por tres sacramentos, Bautismo, confirmación y orden sacerdotal

Todos los sacramentos confieren la gracia santificante, para quienes los reciben.
En la Sagrada Escritura, los textos en los que aparece- directa o indirectamente, la gracia santificante son muy abundantes 17. Algunos pasajes de la Escritura designan este efecto de la gracia santificante, con palabras equivalentes como son: purificación, regeneración, remisión de los pecados, comunicación del Espíritu Santo, etc.
Además de esta gracia común a todos los sacramentos, hay una gracia llamada sacramental, propia de cada uno de ellos. Cada sacramento, en efecto confiere una gracia sacramental específica, distinta en cada uno de ellos, que añade a la gracia santificante un cierto auxilio divino cuyo fin es ayudar a conseguir el fin particular del sacramento.

Como se había comentado anteriormente, hay sacramentos que infunden carácter, y ellos Son: El bautismo, la confirmación y el orden sacerdotal, estos sacramentos imprimen en el alma el carácter, es decir, una marca espiritual indeleble, que hace que esos tres sacramentos, no se puedan volver a recibir. En la Sagrada Escritura, se designa el carácter, como sello divino o sello del Espíritu Santo 18. En resumen podemos decir que el carácter de los tres sacramentos es un signo configurativo porque asemeja a Cristo, nos configura con Él, es signo distintivo porque distingue a quien los recibe, y signo dispositivo porque capacita para el culto divino

16- Lumen Gentium No 7
17- Juan 3. 5 Hechos 8. 17 Efesios 5. 26 II Timoteo 1. 6 Tito 3. 5 Santiago 5. 15
18- 1ª Corintios 1. 21ss Efesios 1. 13 y 1. 30

Cristo, pues instituyó, directa y personalmente todos los sacramentos: Él determinó tanto el signo externo correspondiente como la gracia que de él se derivaría.
La Iglesia definió como verdad de fe, que todos los sacramentos, fueron instituidos por Jesucristo.
La Sagrada Escritura muestra con toda claridad la institución del Bautismo 19, la Eucaristía y el orden sacerdotal 20 la Penitencia 21. Aunque la institución de los demás sacramentos no aparece tan destacada, fue Cristo quien lo hizo en su potestad, y así lo atestigua la tradición apostólica. Desde los primeros momentos de los apóstoles, bautizan a los que aceptan el Evangelio, 22; siguiendo el mandato del Señor, y confirman después a los bautizados 23, El apóstol Santiago habla de la unción de los enfermos como algo perfectamente sabido por todos 24 recomendando y promulgando lo establecido por Jesucristo. Queda clara la institución del sacerdocio en la Última Cena al decir Jesús: Haced esto en memoria mía 25 y el matrimonio queda santificado por la presencia del Señor en las bodas de Caná 26 reafirmando Cristo mismo la unidad e indisolubilidad de la primera institución 27

INSTITUCIÓN DE LOS SACRAMENTOS.
Los sacramentos instituidos por Nuestro Señor Jesucristo son siete:

1- **Bautismo:** Dios nos da su vida divina, la entrada a la Iglesia católica, y nos hace participes de Cristo Profeta, Rey y Sacerdote, y herederos del Cielo.
2- **Confirmación:** Dios nos confiere la madurez espiritual para la lucha y nos capacita para ser apóstoles de Cristo y testigos de su Palabra.
3- **Comunión:** Dios nos alimenta con el Cuerpo y la Sangre de su Hijo Jesucristo y nos hace crecer en caridad.
4- **Penitencia:** Dios nos perdona, por medio del sacerdote, nuestros pecados y nos ayuda a vencer las tentaciones
5- **Unción de Enfermos:** Dios nos ofrece este sacramento para prepararnos a afrontar con confianza en momento de la enfermedad y la muerte, confortándonos en el sufrimiento y sosteniéndonos en las tentaciones finales, y así prepararnos para mirar con gozo la eternidad.
6- **Orden sacerdotal:** Dios ofrece este sacramento a hombres varones a quienes Él ha elegido para servir a la comunidad creyente, como ministros sagrados y administradores de sus misterios.
7- **Matrimonio:** Dios regala este sacramento a hombres y mujeres que siente la llamada de Dios a formar una familia; el sacramento del matrimonio es signo eficaz del amor de esposo que Cristo le tiene a su Iglesia.

19- Mateo 28. 19 Marcos 16. 16 Juan 3. 5
20- Mateo 26. 26-29 Marcos 14. 22-25 Lucas 22. 19-20 1ª Corintios 11. 23-25
21- Juan 20. 23
22- Hechos 2. 41
23- Hechos 8. 17
24- Santiago 5. 14-15
25- Lucas 2. 19
26- Juan 2. 1-11
27- Mateo 19. 1-9

Santo Tomas de Aquino, con los siete sacramentos hace una analogía de la vida sobrenatural del alma, con la vida natural del cuerpo: por el bautismo se nace a la vida espiritual, por la confirmación crece y se fortifica esa vida; por la eucaristía se alimenta; por la penitencia se curan sus enfermedades; la unción de los enfermos prepara a la muerte y por medio de los dos sacramentos sociales orden sagrado, y matrimonio; es regida la sociedad eclesiástica y se conserva y acrecienta tanto en su cuerpo como en su espíritu.

Los sacramentos se han divido así:

Sacramentos de iniciación cristiana: Bautismo, confirmación y comunión.
Sacramentos de sanación: penitencia y unción de los enfermos
Sacramentos de servicio a la comunidad: Orden sacerdotal y matrimonio

En definitiva, los sacramentos son el cumplimiento de la promesa de Jesús a sus Apóstoles "Yo estaré con vosotros siempre hasta la consumación del mundo "[28]
La presencia visible de Cristo durante su vida en la tierra, se ha vuelto presencia invisible de los sacramentos: Lo que era visible en el Señor, se ha vuelto invisible en los sacramentos [29]

28- Mateo 28. 20
29- San León Magno Sermón No 74

LA INICIACION CRISTIANA

La iniciación cristiana es ante todo obra de Dios; Él es el que toma la iniciativa de llamar gratuitamente a la salvación. El catecismo de la Iglesia, presenta la iniciación cristiana como participación en la naturaleza divina **30 y 31** es el proceso extendido en el tiempo en el cual el convertido, recibe la instrucción evangélica y se ejercita para conformar su vida al estilo del evangelio en fidelidad a la iniciativa divina y se introduce en la vida nueva del Señor Resucitado por el Bautismo, la Confirmación y la Eucaristía en la comunidad y en el mundo.

La iniciación cristiana hoy necesita profundizar los gestos y los pasos del camino de Jesús **32**, Él vivió en obediencia, a la voluntad del Padre **33 y 34** en una opción radical y absoluta llamada Reino de Dios; por lo tanto necesitamos recuperar la centralidad del Jesús Histórico, El Dios encarnado que se hizo pobre y sufriente por amor a nosotros dedicado totalmente a construir el Reino de Dios.

Para iniciar la formación del discipulado, muchas veces se hace necesario un nuevo anuncio que permita al bautizado experimentar a Jesús vivo como Señor y Salvador de toda la vida y dador del Espíritu Santo y profundizar mediante los sacramentos de iniciación cristiana el crecimiento en la fe, que pone en comunión con Cristo e introduce al creyente a la comunidad eclesial.
Sin este proceso se cae en la simple transmisión de una sana doctrina, pero no penetra verdaderamente el corazón del creyente.
Lo anterior plantea la necesidad de una formación integral del discípulo: que responda a los tiempos desde una expresión de fe, adulta y comprometida; que redescubra el sentido de la liturgia con oportunas celebraciones de la Palabra, que integra progresivamente en la comunidad de la iglesia, como lugar de acogida, crecimiento y maduración de la vida cristiana, al servicio de la evangelización y de la transformación del mundo.

Además de ser don, la iniciación cristiana es también, respuesta, acogida y conversión; respuesta que es educada y acompañada en la comunidad.
Son muchos los cristianos que no son ni miembros vivos de la iglesia, ni auténticos discípulos del Señor, de ahí que haya que optar más decididamente por procesos de iniciación para formar discípulos.

La iniciación cristiana entendida como formadora de discípulos busca un itinerario que permita aprender a vivir conforme a la fe cristiana, busca integrar todas las dimensiones de la persona, atender sus búsquedas y necesidades avanzando a través de etapas del recorrido espiritual; camino de acuerdo a las personas y a los grupos.

30- Catecismo de la Iglesia No 1275
31- 2ª Pedro 1. 4
32- Juan 14. 6
33- Hebreos 10. 7-10
34- Juan 4. 34

Es por esto que es claro que la tarea primordial del discípulo, consiste en asumir el Reino de Dios, como proyecto central del ministerio de Jesús.35

Este compromiso crea en él una identidad y un conjunto de convicciones que lo han de llevar a ver en los pobres y en los débiles a los principales destinatarios de la buena nueva 36 y asumir que la iglesia existe para servirlos, ella es el sacramento universal de salvación 37 y 38, señal de la fraternidad que permite y consolida el dialogo sincero y descubre el mundo como conjunto de experiencias de la presencia del Reino de Dios.

No se puede entender la iniciación cristiana sin una comunidad misionera que la origine, la realice, y la lleve a plenitud, la vida cristiana del discípulo es un don destinado a crecer en la comunidad parroquial que es para muchos católicos la única forma de conocer y vivir la iglesia que predica la Palabra de Dios, celebra los sacramentos y la vida de caridad.

El hecho de que haya muchos bautizados y pocos cristianos verdaderamente evangelizados y comprometidos con la comunidad y con el mundo, muestra que la comunidad parroquial no está cumpliendo esta tarea, por lo que ha de renovarse profundamente desde el anuncio misionero, el testimonio, el servicio y la caridad.

Iniciar a los adultos bautizados y no suficientemente evangelizados, que son la mayoría, para ello la comunidad parroquial ha de potenciar la catequesis de adultos como modelo de toda catequesis, ya que en ellos descansa la responsabilidad de transmitir la fe, por la predicación de la palabra y el testimonio 39, dar vida a la misma Iglesia y comprometerse en el nombre de la iglesia en la transformación de la sociedad.

Abundan en el mundo de hoy diversos modelos o núcleos familiares; sabemos que la familia hoy, por lo general, se encuentra sumergida en una crisis difícil de superar, constatamos el debilitamiento de los vínculos conyugales y fraternos, la ausencia del padre o de la madre, el sobre carga de tareas de la mujer y la consiguiente desorientación de los hijos.

La familia, lugar tradicional de la evangelización y de la catequesis ya no lo es tanto; muchas familias cristianas ven la iniciación cristiana únicamente como preparación a la recepción de los sacramentos, con poca conciencia de compromiso y sin coherencia de vida; esta es una forma incorrecta de entender la iniciación cristiana provoca la superficialidad en la formación de individuo religioso y el alejamiento de la Iglesia.

35- Lucas 9. 60 y 10. 9
36- Lucas 4. 14-21
37- Lumen Gentium No 48

38- Gaudium et spes No 45
39- Catechesi tradende No 68

La parroquia debe devolver a la familia, su misión de ser la primera educadora en una relación de complementariedad con la comunidad eclesial, ofreciéndole experiencias fuertes de formación y de fe.

La familia a pesar de las inmensas dificultades que la perturban es sin duda un lugar testimonial, catequético, celebrativo y misional; está llamada a ofrecer a sus miembros, especialmente a los niños y jóvenes, valores humanísticos y evangélicos fundamentales, un sentido cristiano de la vida y acompañándolos en la elaboración de su proyecto de vida como discípulos misioneros de Jesucristo al servicio del mundo.

Por los sacramentos de iniciación cristiana, los hombres, libres del poder de las tinieblas, muertos, sepultados y resucitados con Cristo, reciben el Espíritu de los hijos de adopción y celebran con todo el Pueblo de Dios el memorial de la Muerte y Resurrección del Señor, **40**, incorporados a Cristo por el bautismo constituyen el Pueblo de Dios, reciben el perdón de todos sus pecados y pasan de la condición humana en que nacen, al estado de hijos adoptivos de Dios, **41 y 42** convertidos en nueva criatura por el agua y por el Espíritu Santo; por esto se llaman y son hijos de Dios. **43.**

Marcados luego, en la confirmación por el don del Espíritu, son más perfectamente configurados al Señor y llenos del Espíritu Santo a fin que, dando testimonio de Él ante el mundo, cooperen a la expansión y dilatación del Cuerpo de Cristo para llevarlo cuanto antes a su plenitud **44.**

Finalmente, participando en la asamblea eucarística, comen la carne del Hijo del Hombre y beben su sangre, a fin de recibir la vida eterna **45** y expresar la unidad del Pueblo de Dios y ofreciéndose a sí mismos con Cristo contribuyen al sacrificio universal en el cual se ofrece a Dios, a través del Sumo Sacerdote, toda la Ciudad misma redimida **46** y piden que, por una efusión más plena del Espíritu Santo, llegue todo el género humano a la unidad de la familia de Dios **47.**

Por tanto los tres sacramentos de iniciación cristiana se ordenan entre sí para llevar a su pleno desarrollo a los fieles, que ejercen la misión de todo el pueblo cristiano en la iglesia y en el mundo.

El Bautismo, la Confirmación, y la Eucaristía, guardan entre sí una íntima unidad, con el Misterio Pascual y el vínculo, entre la misión del Hijo y la infusión del Espíritu Santo.

40- Ad Gentes No 14
41- Romanos 8. 15

42- Gálatas 4. 5
43- 1ª Juan 3. 1
44- Ad Gentes No 36
45- Juan 6. 55
46- Lumen Gentium No 11
47- Lumen Gentium No 28

Esta forma de catequesis, es llamada también mistagógica, porque consiste en ayudar a entrar en la realidad del misterio que se celebra. Procede siempre de lo invisible a lo visible, del signo a lo significado, de los sacramentos a los misterios **48 y 49**

No debe partir de ideas o conceptos, sino de la experiencia de los mismos dones recibidos de Dios, para hacer descubrir a los bautizados su propia identidad y mostrarles el itinerario que Dios está dispuesto a completar mediante los signos sacramentales conduciendo a los bautizados a la acción de gracias, a una conversión más profunda, a una celebración gozosa de la obrad divinas, traducidas después en una conducta coherente.

La iniciación cristiana, consiste pues que por mediación de la iglesia, Dios tiene la iniciativa y la primacía en la transformación interior de toda persona y en su integración en la iglesia, haciéndola participe en la muerte y resurrección de Cristo.

Es un proceso realmente divino y humano, trinitario y eclesial que, se verifica principalmente mediante dos funciones pastorales íntimamente relacionadas entre sí; la catequesis y la liturgia. Nunca debe perderse de vista, su íntima complementariedad ya que, teniendo cada una su alcance propio dentro de la única misión, conducen a la misma realidad; introducir a los hombres en el misterio de Cristo y la iglesia.

La catequesis está íntimamente unida a toda acción litúrgica y sacramental, prepara la celebración de los sacramentos de la fe y proporciona un conocimiento adecuado del significado de los gestos y acciones sacramentales.

La liturgia debe ser precedida por la evangelización, la fe y la conversión, solo así puede dar sus frutos en la vida de los fieles, la vida nueva en el espíritu, el compromiso en la iglesia y el servicio a su unidad y a su vez inspira la catequesis mistagógica, forma muy necesaria que introduce al misterio de Cristo.

La liturgia es la cumbre a la que tiende la acción de la iglesia y al mismo tiempo, la fuente donde mana toda la fuerza, la acción litúrgica y sacramental porque, es en los sacramentos y sobre todo en la Eucaristía donde Jesucristo actúa en plenitud para la transformación de los hombres

48- Catecismo de la Iglesia No 1075
49- Directorio General de Catequesis Nos 85-108-117-129

EL SACRAMENTO DEL BAUTISMO

Dios, al crear al hombre, le concedió el don de la gracia santificante, elevándolo a la dignidad de hijo suyo y heredero del cielo. Por el pecado de Adán y Eva se rompió, la amistad del hombre con Dios, por lo tanto se perdió la vida de gracia.
Todos los hombres, con la solo excepción de la Virgen María, nacemos con el alma manchada por el pecado original.

La misericordia de Dios, es infinita, se compadeció de nuestra situación, y envió a su Hijo a la tierra para rescatarnos, del pecado y devolvernos la amistad y la vida de gracia que se había perdido, haciéndonos nuevamente dignos de entrar en la gloria del cielo.
Todo esto nos lo concede a través del sacramento del bautismo: Con Él hemos sido sepultados por el bautismo, para participar en su muerte, de modo que así como Él resucito de entre los muertos por la gloria del Padre, así también nosotros vivamos una nueva vida **50**.
Es por eso que el bautismo es el sacramento por el cual el hombre nace a la vida espiritual, mediante la ablución o derramando agua sobre la cabeza y la invocación de la Santísima Trinidad

Entre los sacramentos, ocupa el primer lugar, porque es el sacramento de la fe, puerta de todos los sacramentos, puerta de la iglesia: por él se nos comunica la vida sobrenatural de hijos de Dios, se nos capacita para recibir los sacramentos restantes y nos incorporamos a la iglesia instituida por Jesucristo como sacramento universal de la salvación.

El Bautismo, es el fundamento de toda vida cristiana, el pórtico de la vida en el Espíritu y somos regenerados como hijos de Dios, llegamos a ser miembros de Cristo y somos incorporados a la Iglesia y hechos participes de su misión, es el sacramento del nuevo nacimiento por el agua y la palabra **50**

Es de anotar que en la Sagrada Escritura también se prueba que el bautismo es uno de los sacramentos instituidos por Jesucristo.
Es el mismo Jesús que le explica a Nicodemo, la esencia y la necesidad de recibir el bautismo "En verdad te digo que quien no nace del agua y del espíritu no puede entrar en el Reino de los Cielos **51**
También el mismo Jesús, da a sus discípulos el encargo de administrar el bautismo **52**. "Me ha sido dado todo poder en el cielo y en la tierra; id pues, enseñad a todas las gentes, bautizándolas en el nombre del Padre y del Hijo y del Espíritu Santo **53**." Id, por todo el mundo, predicad el Evangelio a toda creatura. El que cree y se bautice se salvará **54**. Los Apóstoles, después de haber recibido, la fuerza del Espíritu Santo, comenzaron a bautizar **55**.

50- Romanos 6. 4 Catecismo de la Iglesia No 1213
51- Juan 3. 5 y 3. 3-5
52- Juan 4. 2
53- Mateo 28. 18-19
54- Marcos 16. 15-16
55- Hechos 2. 38-41

Son figuras del Bautismo, según la doctrina de los Apóstoles y de los Padre de la iglesia: la circuncisión 56. El paso por el mar rojo 57. El Diluvio Universal 58.En el libro del profeta Ezequiel hallamos una profecía sobre el bautismo. "Esparciré sobre vosotros agua limpia y seréis limpiados de toda vuestra inmundicias, y de todos vuestros ídolos os limpiaré 59.

Además, el bautismo que le confería San Juan Bautista antes del inicio de la vida pública de Jesucristo fue una preparación inmediata para el bautismo que Cristo instituiría 60. El bautismo de Juan no confería la gracia, tan solo disponía a ella moviendo a la penitencia

La materia del bautismo es el agua natural, dispuesto así por el mismo Jesús, "Quién no nace del agua "y así lo practicaron los Apóstoles, 61, "Llegados donde había agua "Felipe lo bautizó 62.
La forma del bautismo son las palabras del que lo administra: Esas palabras son: Yo te bautizo en el Nombre del Padre, y del Hijo y del Espíritu Santo.

Este efecto indeleble, expresado por la liturgia, en la misma celebración con la crismación de los bautizados en la presencia del pueblo de Dios, hace que el rito del bautismo, merezca el sumo respeto de todos los cristianos, por eso no es permitida su repetición, cuando se celebró válidamente, inclusive por los hermanos separados.

Con el carácter bautismal, el bautizado pasa a formar parte de la comunidad de todos los fieles, que constituyen el Cuerpo Místico de Cristo, cuya cabeza es el mismo Señor. Y se participa en el sacerdocio de Cristo, esto es el derecho y la obligación de continuar la misión salvadora y sacerdotal del Redentor. Por el carácter, el cristiano es mediador entre Dios y los hombres

El Bautismo, en efecto, conmemora y actualiza el Misterio Pascual, haciendo pasar a los hombres de la muerte del pecado a la vida. Por tanto, en su celebración debe brillar la alegría de la resurrección.

La iglesia, que fue encargada de la misión de evangelizar, y de bautizar; bautizó ya, desde los primeros siglos, no solamente adultos, sino también a los niños, pues en la Palabra de Dios, ya tiene de por sí, este encargo; La Iglesia entendió siempre que los niños, no han de ser privados del bautismo, ya que se les bautiza en la misma fe de la iglesia, la cual es proclamada por los padres y padrinos, y las demás personas reunidas para el bautismo, todas ellos representan a la iglesia y a la sociedad entera de los santos y de los fieles, es decir a la Madre Iglesia, que toda entera da a luz a todos y a cada uno.

56- Colosenses 2. 11ss
57- 1ª Corintios 10. 12
58- 1ª Pedro 3. 20ss

59- Ezequiel 36. 25 Isaías 1. 16ss Isaías 4. 4 Zacarías 13. 1
60- Mateo 3. 11
61- Hechos 8. 38
62- Hechos 10. 44-48

Para complementar este sacramento, es necesario que los niños, sean educados en la fe, pues tienen derecho a la educación cristiana, para llevarlos poco a poco a captar el designio de Dios en Cristo, para que puedan ratificar finalmente la fe en que fueron bautizados.

Con la profesión de fe, de los padres y padrinos, manifestando su asentamiento, junto con el celebrante, se demuestra claramente que la fe en la que son bautizados los niños, no es solamente patrimonio de la sola familia, sino de toda la iglesia de Cristo. 63
Por ello el Bautismo es, en primer lugar, el sacramento de la fe con que los hombres, iluminados por la gracia del Espíritu Santo, responden al Evangelio de Cristo.

Así pues, no hay nada que la Iglesia estime tanto ni tarea que ella considere tan suya como reavivar, en los padres y padrinos de los niños que se van a bautizar, una fe activa, por la cual, uniéndose a Cristo, entren en el pacto de la nueva alianza o la ratifiquen.

A esto se ordenan, en definitiva, tanto la preparación de los padres y padrinos como la celebración de la Palabra de Dios y la profesión de fe en el rito bautismal
La preparación al Bautismo y la formación cristiana es tarea que incumbe muy seriamente al pueblo de Dios, es decir, a la Iglesia, que transmite y alimenta la fe recibida de los Apóstoles. A través del ministerio de la Iglesia, los adultos son llamados al Evangelio por el Espíritu Santo y los niños son bautizados y educados en la fe de la Iglesia.
Las lecturas bíblicas, la oración de los fieles y la triple profesión de fe están encaminadas a preparar este momento culminante.

63- Juan 3. 7

LA PALABRA DE DIOS EN EL SACRAMENTO DEL BAUTISMO:

JUAN. 3 5-.7
"Respondió Jesús, en verdad en verdad te digo, el que no nazca de agua y de Espíritu, no puede entrar en el Reino de Dios. Lo nacido de la carne es carne, lo nacido de espíritu es espíritu. No te asombres que te haya dicho: tenéis que nacer de nuevo.

HECHOS 2. 38-39
Pedro les contesto, convertíos y que cada uno de vosotros se haga bautizar, en el nombre de Jesucristo, para el perdón de vuestros pecados y recibiréis el don de Espíritu Santo; pues la promesa es para vosotros y para vuestros hijos.

1ª CORINTIOS 12. 13

Porque en un solo espíritu, hemos sido bautizados, para no formar más que un cuerpo. Judíos y Griegos, esclavos y libres, y todos hemos bebido de un solo espíritu

GALATAS 4. 5-7
Para rescatar a los que se hallaban bajo la ley, y para que recibiéramos, la condición de hijos de Dios, y como sois hijos de Dios, envió a nuestros corazones el Espíritu de su Hijo que clama Padre.

EFESIOS 1. 13-14
En Él, también vosotros tras haber oído, la Palabra de la verdad; el Evangelio de vuestra salvación y creído también en Él, fuiste sellado con el Espíritu Santo de la promesa, que es prenda de nuestra herencia para la redención del Pueblo de su posesión para alabanza de su gloria.

2ª CORINTIOS 1. 21-22
Es Dios el que nos conforta, juntamente con vosotros en Cristo, y Él nos ungió y nos marcó con su sello, y nos dio el espíritu en nuestros corazones.

EFESIOS 4. 30
No entristezcáis al Espíritu Santo de Dios, con el cual fuiste sellado, para el día de la redención

GALATAS 3. 27
Los que os habéis bautizado en Cristo, os habéis revestido de Cristo.

ROMANOS 6. 3-6
O es que ignoráis que cuando fuimos bautizados en Cristo Jesús, fuimos bautizados en su muerte, fuimos pues con Él sepultados por el bautismo en la muerte a fin de que igual que Cristo resucitó dentro de los muertos por medio de la gloria del Padre, así también nosotros vivamos una vida nueva. Porque si nos hemos injertado en Él, por una muerte semejante a la suya, también lo estaremos por una resurrección semejante, sabiendo que nuestro hombre viejo fue crucificado con Él, a fin de que fuera destruido el cuerpo de pecado y cesáramos de ser esclavos del pecado. Pues el que está muerto, queda libre del pecado.

MATEO 5. 14-16
Vosotros soy la luz del mundo, no puede ocultarse una ciudad situada en la cima del monte, ni tampoco se enciende una lámpara y se pone debajo de la cama, sino que se pone de candelero, para que alumbre a todos los que están en la casa. Brilla así vuestra luz, delante de los hombres, para que vean vuestras buenas obras y glorifiquen a vuestro Padre que está en los cielos.

RITO DEL SACRAMENTO DEL BAUTISMO.

Acogida:
La finalidad de este rito, es que por medio, del saludo del celebrante, el dialogo con los padres y padrinos, y los fieles reunidos constituyan una comunidad y se dispongan a participar dignamente de la Palabra de Dios y del sacramento.

Signos:
El celebrante, junto con los padres de los niños, los signan en la frente; luego les pregunta por en nombre de los niños que van a ser bautizados. La Palabra de Dios junto con la oración de los fieles, son parte del sacramento a los cuales estamos llamados a participar.

La oración de exorcismo: Se le pide al Señor que los niños, sean lavados del pecado original, que sean templos y que el Espíritu Santo habite en ellos **64**

La Unción pre-bautismal: se hace con el óleo de los catecúmenos en el pecho de los niños, para que el poder de Cristo Salvador los fortalezca.
Durante la misa crismal, el obispo con todo su presbiterio bendice el óleo que es aceite, para la unción

Bendición e invocación a Dios sobre el agua: el agua, es símbolo de la vida, de limpieza, es el signo que concede vida nueva por el Espíritu Santo.

Las renuncias y la profesión de fe: De los padres y padrinos, es la actualización de su propio bautismo y una expresión de la fe de la iglesia, en la cual son bautizados los niños. Estas respuestas deben ser en singular demostrando con ello, el compromiso y la respuesta personal.

Unción con el santo Crisma: El hombre nuevo es ungido como si fuera, lo más grande de la antigüedad: sacerdote, profeta y rey; es revestido con la túnica blanca, se le proclama lleno de luz, para el servicio a los demás.
Durante la misa crismal, el obispo con todo su presbiterio consagra el Crisma, que es aceite perfumado, para la unción con el santo crisma.

Vestidura Blanca: signo de la dignidad del cristiano, signo de haber sido revestidos en Cristo, y de conservadla sin macha hasta la vida eterna.

Entrega del cirio: En el Cirio Pascual, el cual fue ya bendito en día de la pascua del Señor, (domingo de pascua) se encienden los sirios que tiene los padres y padrinos, entregándoles así, la luz de Cristo. Y confiándoles a ellos, que esta luz se acreciente. **64**

64-Ritual de los Sacramentos Bautismo B.A.C.

LA PALABRA DE DIOS PARA LA CATEQUESIS DEL SACRAMENTO DEL BAUTISMO

Salvados por las aguas: Éxodo 14. 5 y 15. 1 Romanos 6. 3-5 Juan 19. 31-35

El hombre nuevo: Ezequiel 36. 24-28 Juan 7. 37-39

La vida nueva: Ezequiel 47. 1-9.12 Juan 3. 1-6 y 7. 37-39

La elección: romanos 8. 28-32 Juan 6. 44-47

Incorporación a la comunidad: 1ª Corintios 12. 12-13 Mateo 28. 18-20 Juan 15. 1-11

Hijos de Dios: Gálatas 3. 26-28 Marcos 1. 8-11

Vocación bautismal: un estilo de vida: Efesios 4. 1-6 Mateo 22. 35-40
Marcos. 12. 28-34.

El nuevo Pueblo: 1ª Pedro 2. 4-5.8-10 Mateo 28. 18-20

EL SACRAMENTO DE LA CONFIRMACION

La confirmación, es el sacramento por el cual el bautizado queda fortalecido con el don del Espíritu Santo para que, de palabra y de obra, sea testigo de Cristo, y propague y defienda la fe. 65.
Confirmar, significa afirmar, o consolidar; es para nosotros lo que Pentecostés fue para los Apóstoles.
Este sacramento, como todos los otros, fue instituido por Jesucristo, pues sólo, Dios puede vincular la gracia a un signo externo, sin embargo no costa en la Sagrada Escritura el momento preciso de la institución, aunque repetidas predicciones de los profetas, relativas a una amplia difusión del Espíritu Divino en los tiempos Mesiánicos 66, el reiterado anuncio por parte de Cristo de una nueva venida del Espíritu Santo para completar su obra, y la misma acción de los Apóstoles, hacen constar la institución de un sacramento distinto del bautismo.
Así, por ejemplo, los Hechos de los Apóstoles nos refieren que, habiendo sido enviados Pedro y Juan a los Samaritanos, hicieron oración por ellos a fin de que recibieran el Espíritu Santo, porque aún no había descendido sobre ninguno de ellos, sino que solamente estaban bautizados, en el nombre del Señor Jesús. Entonces les imponían las manos y recibían el Espíritu Santo 67. Es claro que, desde el primer momento de la predicación apostólica, se confería este sacramento, instituido por Jesucristo.

Al administrar el sacramento de la confirmación, la Iglesia repite esencialmente la sencilla ceremonia que relatan los Hechos de los Apóstoles 68, añadiendo algunos ritos que hacen más comprensible la recepción del Espíritu Santo, y los efectos sobrenaturales que producen en el alma.

La materia de la confirmación, es la unción con el crisma en la frente, a la que añade la imposición de las manos del Obispo.
Por Crisma se entiende, la mezcla de aceite, de oliva, y de bálsamo consagrado por el obispo, el día del jueves santo, en la misa crismal en donde el obispo con todo su presbiterio se reúnen. Se entiende por bálsamo, el líquido aromático, (Loción)

Así, como la materia del bautismo es el agua, que por su efecto propio lava. La materia de la confirmación que es el aceite, usado desde la antigüedad como símbolo de fuerza y plenitud. El confirmado podrá con el sacramento cumplir con valentía su misión apostólica, el bálsamo que perfuma el aceite (loción) y lo libra de la corrupción, denota el buen olor de la virtud y la preservación de los vicios

El rito esencial es la crismación en la frente, no la imposición de las manos

La forma de la confirmación, consiste en las palabras que acompañan a la imposición individual de las manos, imposición que va unida a la unción en la frente.

Los efectos de la confirmación del sacramento de la confirmación son tres:

1- Aumento de la gracia santificante
2- Gracia sacramental especifica
3- Impresión de carácter en el alma.

Como todo sacramento de vivos, la confirmación produce de por sí, el aumento de la gracia santificante. Inseparablemente unidos a este efecto, se confiere la plenitud de la comunicación del Espíritu Santo, que ya se había recibido en el bautismo.

65-Catecismo de la Iglesia No 879
66-Isaías 58. 1 Ezequiel 47. 1 Joel 2. 28
67-Hechos 8. 14 19, 6 Hebreos 6. 2
68-Hechos 19. 1-16

La gracia sacramental específica, cuyo efecto es el don de fortaleza, ayuda al que lo recibe al perfeccionamiento de su vida cristiana; constancia en el cumplimiento del deber, valor ante el sufrimiento y esfuerzo en el combate contra los enemigos del alma.
El carácter indeleble reafirmar al confirmado en su participación del sacerdocio de Cristo, ahora de forma eminentemente activa, enseñando a los demás, mediante el ejemplo y la palabra

Conviene que el confirmando tenga un padrino, como verdadero testigo Cristo que cumpla fielmente las obligaciones inherentes al sacramento.
Las condiciones que ha de reunir el padrino de la confirmación son las mismas que para el bautismo, es decir que tenga la intensión y capacidad de desempeñar esta misión, que haya cumplido diez y seis años, que sea católico, que esté confirmado, que haya recibido el sacramento de la eucaristía, y lleve una vida de fe, y que no esté afectado por una pena canónica. No pude ser el padre o la madre. Pueden ser los mismos del bautismo.

El sacramento de la Confirmación, nos otorga el coraje y la fortaleza para que podamos al hacerle frente a los desafíos y a los problemas de la vida con madurez cristiana, fortaleciendo nuestro compromiso con Jesucristo, realizado en el Bautismo y nos ayuda a servir a nuestros semejantes con dedicación y sin egoísmos.
Es también parte de los sacramentos de la confirmación la renovación de las promesas del bautismo, como también la profesión de fe (Credo)
Es importante tener en cuenta que las respuestas tanto a la renovación de la promesas del bautismo como para la profesión de fe debe ser en singular esto es: si renuncio, si creo, no utilizar la palabra renunciamos o creemos

El carácter indeleble, reafirma al confirmado en su participación del sacerdocio de Cristo, ahora de forma inminentemente activa, enseñando a los demás mediante el ejemplo y la palabra.
Para recibir el sacramento de la Confirmación, es necesario hallarse en estado de gracia esto es en gracia con Dios. Conviene pues recurrir al sacramento de la Penitencia, para ser purificados de nuestros pecados en atención a los dones Espíritu Santo, ya que nos los aumenta y nos vincula más perfectamente a la Iglesia, además somos testigos ante el mundo de la fe, esperanza y caridad.

Al hablar del Espíritu Santo que es la tercera persona de la Trinidad, que es revelado por Jesucristo, en cual nos enseña que Dios siendo perfectamente uno, vive y se manifiesta en tres personas distintas. Padre, Hijo y Espíritu Santo. Ha inspirado las Escrituras, asiste al magisterio de la iglesia, intercede por nosotros siempre que oramos al Padre, es verdadero Dios, igual que el Padre y el Hijo

El Espíritu Santo, significa, soplo, aire, viento, y se le dice también Paráclito o Espíritu del Señor, es dado usualmente por el obispo, mediante la imposición de manos.

LA PALABRA DE DIOS EN EL SACRAMENTO DE LA CONFIRMACION

MATEO 3. 16-17
"Una vez bautizado Jesús, salió luego del agua y en esto se abrieron los cielos y vio al Espíritu de Dios, que bajaba como una paloma y venia sobre Él, y una voz que salía de los cielos decía: Este es mi Hijo amado, en quien me complazco."

JUAN 14. 26
"Pero el Paráclito, el Espíritu Santo, que el Padre enviará en mi nombre os lo enseñará todo"

JUAN 15. 26
"Cuando venga el Paráclito, que Yo, os enviaré de junto al Padre, el Espíritu de la verdad que procede del Padre y Él dará testimonio de Mí "

HECHOS 1. 8
"Al contrario, vosotros recibiréis una fuerza cuando el Espíritu Santo venga sobre vosotros y de este modo seréis mis testigos, en Jerusalén en toda Judea y Samaria y hasta los confines de la tierra.

LOS SIMBOLOS DEL ESPIRITU SANTO.

EL AGUA:
Es el símbolo lo significativo de la acción del Espíritu Santo, en el Bautismo, ésta se convierte en signo sacramental eficaz del nuevo nacimiento.

LA UNCIÓN

Cristo, el Mesías, significa Ungido del Espíritu de Dios; en la Antigua Alianza hubo ungidos del Señor 69 de forma inminente el rey Saúl, el rey David 70, pero Jesús es el Ungido de una manera única, Jesús es constituido Cristo por el Espíritu Santo. 71

La Unción se nos es dada, en el sacramento de la Unción, en la Confirmación y en el sacramento del Orden para los Obispos y presbíteros.

69- Éxodo 30. 22-32

70- 1ª Samuel 16. 13

71- Lucas 1. 17 Isaías 61. 1

El FUEGO:

Mientras que el agua significa el nacimiento y la fecundidad dada por el Espíritu Santo, el fuego simboliza la energía transformadora de los actos del Espíritu Santo: Juan bautista, que precedió al Señor con el espíritu y el poder de Elías 72, anuncia a Cristo como el que bautizará en el Espíritu Santo y el fuego 73

El fuego, o Cirio Pascual la Iglesia, lo utiliza, en los sacramentos de Bautismo y la confirmación y en las honras fúnebres.

LA NUBE, LA LUZ

Estos dos símbolos son inseparables en las manifestaciones del Espíritu Santo. Desde las teofanías (manifestaciones) del Antiguo testamento. La Nube, unas veces oscuras, otras luminosas, revela al Dios vivo y Salvador, como las manifestaciones a Moisés en el Sinaí, 74 en la tienda de reunión, 75 y durante la marcha por el desierto 76

IMPOSICION DE MANOS

Gracias a la imposición de manos, Jesús cura a los enfermos y bendice a los niños y en su nombre los apóstoles hacen lo mismo a igual por medio de los Obispos se nos da el Espíritu Santo, sobre todo en los sacramentos de la Confirmación y del Orden Sagrado para Obispos, Presbíteros y Diáconos.

PALOMA:

Significa que el Espíritu Santo baja y reposa en el corazón de los Bautizados, en el Antiguo Testamento al final del diluvio, en el que se prefigura el Bautismo, la paloma, simboliza que la tierra es habitable

Cada miembro de la Iglesia, recibe esta primicia de Cristo Resucitado, mediante el Bautismo y la imposición de manos.

Acuérdate que el Padre, por medio del Hijo te envía el Espíritu Santo para que permanezca junto a ti, este contigo y dentro de ti, y así te enseñara y te recuerde la verdad, te santifique y te haga testigo, porque el Espíritu Santo está en todas partes de manera especial en el alma y en la iglesia, y se manifestó el día de Pentecostés, cuando todos los apóstoles estaban reunidos con María la Madre de Jesús 77, nos ayuda a vivir en gracia de Dios, vive en nosotros, nos ilumina, nos fortalece, nos consuela y nos regala sus siete dones y sus doce frutos.

72- Lucas 1. 17
73- Lucas 3. 16
74- Éxodo 24. 15-18
75- Éxodo 33. 9-10
76- Éxodo 40. 36-38 Lucas 21. 27
77- Hechos 2. 1-13

LOS SIETE DONES DEL ESPÍRITU SANTO

EL DON DE LA SABIDURIA.

Nos da la capacidad de entrar en las cosas de Dios; de gozarlas y poseerlas, nos hace experimentar a Dios desde nuestra propia intimidad, lo sientes y experimentas su presencia, te conduce a un conocimiento interior de la verdad única.
Quien se deje llevar por la sabiduría del Espíritu Santo lo ve todo en Dios con la mentalidad de la fe

QUE NOS DICE LA PALABRA DE DIOS
LUCAS 21. 15
"Porque yo os daré una elocuencia y una sabiduría a la que no podrán resistir ni contradecir todos vuestros adversarios."

EL DON DEL ENTENDIMIENTO.

Por el don del entendimiento, el Espíritu Santo, concede a todos el aceptar y creer las verdades reveladas contenidas en las Sagradas Escrituras, tal como las lee la Iglesia en su tradición y las interpreta auténticamente en su magisterio; es un regalo del Espíritu Santo Él te lo infunde con la gracia santificante de los sacramentos, bajo acción iluminadora, que activa en tu corazón el sentido de la fe para que vivas el misterio de Cristo, manifestado en los hermanos sufrientes.

QUE NOS DICE LA PALABRA DE DIOS
ROMANOS 12. 2-3
"Y no es acomodarse al mundo presente, antes bien, transformados mediante la renovación de vuestra mente de forma que podáis distinguir, cual es la voluntad de Dios, lo bueno, lo agradable, lo perfecto."

EL DON DE CONSEJO.

Nos hace ver con prontitud y seguridad lo que se debe realizar en cada momento y en cada situación. Nos hace ver con la luz de Dios nuestro propio obrar, ilumina la capacidad de comprender, de acoger, para después con la luz divina aconsejar.
Quien actúa bajo el impulso de este don no ofende, no rebaja a nadie, no enjuicia, no condena sino más bien asegura al otro en su dignidad [78]
La santidad de la Iglesia, también se fomenta de manera especial con los múltiples consejos que el Señor propone en el Evangelio a sus discípulos, para que los practiquen.

QUE NOS DICE LA PALABRA DE DIOS
PROVERBIOS 3. 1-4
"Hijo mío, no olvides mi enseñanza y la práctica de mis mandamientos, pues te traerán días de abundancia, años de vida y bienestar.
No dejes que se retiren de ti el amor y la fidelidad; átalas a tu cuello, grávalas en tu corazón; así tendrás aceptación y éxito ante Dios y los hombres"

78- Lumen Gentium No 42

EL DON DE CIENCIA.
Nos hace valorar las realidades humanas, para llegar a Dios por medio de ellas, nos hace distinguir lo verdadero de lo falso, te ayuda a conocerte con certeza y a darte cuenta de quién eres y como vives tu fe, te inspira que decir y que hacer en orden al bien del prójimo, te ayuda a vivir con discernimiento las cosas de la tierra y su valores.

QUE NOS DICE LA PALABRA DE DIOS
ROMANOS 11. 33-36
"Oh abismo de riqueza, de sabiduría y de ciencia de Dios, cuan insoldables son sus designios e inescrutable sus caminos. En efecto ¿Quién conoció el pensamiento del Señor, o quien fue su consejero, o quien le dio primero que tenga derecho a recompensa?, porque de Él, por Él, y para Él son toda las cosas, a Él la gloria por los siglos amen."

EL DON DE FORTALEZA
Nos mueve a actuar con valentía, haciendo siempre la voluntad de Dios y superando los obstáculos que se nos presentan, crea en nosotros un espíritu de constancia en el camino de Dios, un espíritu de superación y de paciencia contra toda adversidad, nos capacita para ser testigos de Jesucristo, para confesar sin miedo, ni vergüenza, la fe en Dios y para defender los valores del Reino de Dios.

QUE NOS DICE LA PALABRA DE DIOS
2ª TIMOTEO, 1. 6-8
"Por esto te recomiendo que reavives el carisma de Dios, que está en ti por la imposición de mis manos, porque no nos dio el Señor a nosotros un espíritu de timidez, sino de fortaleza, de caridad y de templanza. No te avergüences pues, del testimonio que haz de dar de Nuestro Señor"

JUAN 15. 16
"No me habéis elegido vosotros a mí, sino que Yo os he elegido a vosotros y os he destinado, para que vayáis y deis fruto y que vuestro fruto permanezca de modo que todo lo que pidáis al Padre en mi nombre os lo conceda."

EL DON DE PIEDAD.
Nos lleva a descubrir a Dios como Padre y a los hombres como hermanos nuestros, nos guía y nos ayuda a mejorar las relaciones que tenemos con Dios y con los hombres, nos lleva a comunicarnos íntimamente con el Padre, el Hijo y el Espíritu Santo, despierta en el

corazón una actitud de admiración hacia la paternidad de Dios en el misterio de la trinidad, cultivando en el corazón el espíritu de Hijo adoptivo del Padre.

QUE NOS DICE LA PALABRA DE DIOS
1ª TIMOTEO. 4. 6-16
"Rechaza en cambio, todo lo profano, ejercitándote en la piedad, que es provechoso para todo, pues tiene la promesa de la vida presente y de la futura, tengamos puesta la esperanza en Dios vivo que es el salvador de todos los hombres"

EL DON DE TEMOR A DIOS.
Es una gracia que nos comunica todo lo que pueda desagradarle a Dios y separarnos de Él, nace del amor, del deseo íntimo de obediencia, temor de herir a quien se ama.

QUE NOS DICE LA PALABRA DE DIOS
MATEO 10. 28
"Y no temáis a los que matan el cuerpo, pero no pueden matar el alma, temed más bien al que puede llevar a la perdición al alma y al cuerpo."

LOS DOCE FRUTOS DEL ESPÍRITU SANTO
Los frutos del Espíritu Santo, son perfecciones que se forman en nosotros, como primicias de la gloria eterna, por lo tanto nuestra vida evidenciara los frutos de lo que ha sido sembrado en el corazón.

QUE NOS DICE LA PALABRA DE DIOS
GÁLATAS 5. 22-23
"En cambio los frutos del Espíritu Santo, son: Caridad, Gozo, Paz, Paciencia, Generosidad, Bondad, Benignidad, Mansedumbre, Fidelidad, Modestia, Continencia, Castidad."

LA CARIDAD.
Ocupa el primer lugar, entre los frutos del Espíritu Santo, consiste en amarnos los unos a los otros, como Jesús nos ama.
Debemos pedir a Dios que imprima en nuestro corazón, una caridad y un tierno afecto hacia los pobres, las viudas, los huérfanos y desplazados; tratarlos con dulzura, y prestarles toda la asistencia que podamos. [79]

QUE NOS DICE LA PALABRA DE DIOS
1ª CORINTIOS 13. 1-11
"Aunque hable las lenguas de los hombres y de los ángeles sino tengo caridad nada soy, aunque tenga el don de la profecía y conozca todos los misterios y toda la ciencia, aunque

tenga plenitud de fe, como para trasladar montañas, sino tengo caridad nada soy; la caridad es paciente, es amable, no es envidiosa."

79- Marcos 9. 41

EL GOZO O LA ALEGRÍA

Debemos mantener en nosotros constante y ferviente el sentido de la alegría.
María Santísima nos hace participar de ese gozo del que la lleno el Espíritu Santo en todas las circunstancias de su vida.
El gozo tiene que ver con la alegría permanente del cristiano que cree en Cristo, como toda su Iglesia que está llamada a experimentarla.
En el antiguo testamento el culto rebosaba de gozo, y se expresaba en las fiestas
En el nuevo testamento el evangelio proclamado con gozo como el nacimiento de Jesús, su entrada triunfal y su resurrección, el gozo del cristiano puede sentirse al descubrir la voluntad de Dios.

QUE NOS DICE LA PALABRA DE DIOS
JUAN 15. 10-11

"Si guardáis mis mandamientos, permaneceréis en mi amor, como Yo he guardado los mandamientos de mi Padre y permanezco en su amor; os he dicho para que mi gozo este en vosotros y vuestro gozo sea colmado."

JUAN 16. 22

"También, vosotros estáis tristes ahora, pero volveré a veros y se alegrará vuestro corazón y vuestra alegría nadie os la puede quitar."

LA PAZ

El más rico tesoro que podemos poseer en la tierra es la paz del corazón, la paz interior, es un regalo que nos dejó Nuestro Señor Jesucristo cuando volvió a el cielo en su ascensión y nos dijo: la paz os dejo, mi paz os doy.
Es también, Shalom que significa bienestar total, que implica la tranquilidad y serenidad de espíritu, **80**, que podemos transmitir y desear a nuestro prójimo, para que vivimos en armonía, en tranquilidad manteniendo una amistad buena y sincera **81**

QUE NOS DICE LA PALABRA DE DIOS
ROMANOS 12 18

"En lo posible, y en cuanto a vosotros dependa, estad en paz con todos los hombres"

PACIENCIA

El camino que Cristo ha abierto al hombre con su pasión, es el de la paciencia cristiana, la cual santifica la vida.

La paciencia como fruto del Espíritu Santo, es una virtud necesaria, que nos permite ser fuertes en la enfermedad, y demás contradicciones en la vida
Es también, un equilibrio de todos los temperamentos y pasiones ampliamente opuesto a el enojo; cuando hay paciencia, hay constancia, firmeza, perseverancia, el que es paciente es tolerante.

80- Juan 14. 27 y 20. 19
81- Mateo 5. 9 y 12. 14

QUE NOS DICE LA PALABRA DE DIOS
SANTIAGO 5. 7-8
"Tened pues paciencia hermanos, hasta la venida del Señor, mirad el labrador, que espera el fruto de la tierra, aguardando con paciencia, hasta recibir la lluvias, tempranas y tardías. Tened vosotros también paciencia, fortaleced vuestro corazón, porque la voluntad de Señor está cerca."

LA GENEROSIDAD.
Dios nos pide generosidad en el ejercicio de las propias obligaciones que debemos cumplir con exactitud y constancia; es decir sin negligencia, para así agradar a Dios en cada acción. Este fruto, nos permite estar siempre atentos a las llamadas del Señor, para ser generosos a su voluntad.

QUE NOS DICE LA PALABRA DE DIOS
MARCOS 12. 41-44
"Jesús se sentó frente al arca del tesoro y miraba como la gente echaba monedas en el arca del tesoro, muchos ricos echaban mucho; llego también una viuda pobre y echo dos moneditas, entonces llamando a sus discípulos les dijo: Os digo de verdad que esta viuda Pobre ha echado más que todos, porque todos han echado de lo que les sobra, ésta en cambio ha echado de lo que necesita para vivir."

LA BONDAD.
Significa rectitud de corazón y de vida, tener un carácter bondadoso, mostrando nuestro amor cristiano con todos, ya que en Dios su bondad es infinita; si el cristiano anda en la luz debe manifestar bondad, que se asocia a la justicia y la verdad

QUE NOS DICE LA PALABRA DE DIOS
ÉXODO 33. 19
"Yo haré pasar ante tu vista toda mi bondad, y pronunciaré delante de ti el nombre de Yahvé, pues concedo mi favor a quien quiero y tengo misericordia con quien quiero."

LA BENIGNIDAD
No es solamente una cualidad, sino que expresa una acción, que se relaciona con la conducta del creyente. Se asocia también con la misericordia de Dios, porque Él es rico en misericordia ejemplo que debe seguir el cristiano quien a su vez debe ser suave de corazón.

QUE NOS DICE LA PALABRA DE DIOS
EFESIOS 4. 32
"Sed amables entre vosotros, comprensivos, perdonaos mutuamente como os perdonó Dios en Cristo Jesús."

JEREMIAS 18. 1-6
"Baje, a la alfarería, y el alfarero estaba haciendo un trabajo en el torno, lo que estaba moldeando se estropeó como barro en manos del alfarero y este volvió a empezar transformando el barro en otra cosa diferente como mejor le pareció; entonces me dirigió Yahvé, la palabra ¿no puedo hacer yo con vosotros lo mismo que el alfarero?"

LA MANSEDUBRE.
Es una obra efectuada por el Espíritu Santo, ya que dispone al espíritu a aceptar la voluntad de Dios, por eso el mejor ejemplo de la mansedumbre es el mismo Nuestro Señor Jesucristo, por eso nos dice que tenemos que aprender de Él a ser mansos y humildes.
Muchas personas creen que la mansedumbre es sinónimo de debilidad, pero es lo contrario, la mansedumbre manifestada por Cristo ante el sufrimiento del calvario, fue resultado del poder de Dios actuando en su vida

QUE NOS DICE LA PALABRA DE DIOS
MATEO 11 29.
"Tomad sobre vosotros mi yugo y aprended de mí que soy manso y humilde de corazón, y hallaréis descanso para vuestras almas, porque mi yugo es suave y mi carga ligera."

EFESIOS 4. 2
"Con toda humildad, mansedumbre y paciencia soportados unos a otros por amor"

COLOSENSES 3. 12
"Revestíos pues como elegidos de Dios, santos y amados, de entrañas De misericordia, de bondad, humildad, mansedumbre y paciencia."

LA FE O FIDELIDAD
La vida del cristiano puede considerarse, como un compromiso de fidelidad a Cristo Jesús, ya que el hombre responde al llamado de Dios ante todo por la fe.
La fe, es pues tener plena seguridad de recibir lo que se espera; es estar convencidos de la realidad de las cosas que no vemos y la debemos fortalecer con la Palabra de Dios, la práctica de la caridad, la celebración de los sacramentos, la oración y estar unidos a la fe de la iglesia, es también una adhesión personal del hombre a Dios.

No hay más que un solo Dios; el Padre todo poderoso, su Hijo Nuestro Señor Jesucristo, salvador y el Espíritu Santo que es nuestra santificación. Las tres personas son un Solo Dios verdadero; la Santísima Trinidad
La fe es un don de Dios. Él nos la concede gratuitamente.
El hombre al creer responde voluntariamente a Dios; podemos perder este don de la fe cuando rechazamos o no nos preocupamos por fortalecerla y vivirla cada vez mejor, porque es necesaria para la salvación, pues Él Señor mismo no lo afirma cuando nos dice: el que crea y sea bautizado se salvará, el que no crea se condenará.

QUE NOS DICE LA PALABRA DE DIOS
HEBREOS 11. 1ss
"La fe es la garantía de lo que se espera, la prueba de lo que no se ve, por la fe sabemos que el universo fue formado por la Palabra de Dios; lo visible, lo invisible.
Por la fe, Abraham al ser llamado por Dios, obedeció, y salió sin saber a dónde iba, peregrinó hacia la tierra prometida."

DOMINIO DE SÍ MISMO, LA TEMPLANZA, LA CONTINENCIA
El control de uno mismo, conocido también como dominio propio, es una de las virtudes cristianas.
El control propio, en los pensamientos, al hablar, el ejercicio del dominio propio refleja el perdón de Dios en nuestra vida, abarca el control de las pasiones, nos ayuda a evitar los excesos en todo, moderar pensamientos, palabras, placeres, y reprimir la lujuria que es la inclinación desordenada que lleva a la impureza, la gula, la ira, el odio, y la venganza.

QUE NOS DICE LA PALABRA DE DIOS
ROMANOS 14. 17
"Que el Reino de Dios, no es comida, ni bebida, sino justicia, paz y gozo en el Espíritu Santo."

COLOSENSES 3. 1-5
"A si pues, si habéis resucitado con Cristo, buscad las cosas de arriba. Por tanto mortificad cuanto en vosotros es terreno, fornicación, impureza, pasiones, malos deseos y la codicia que es una idolatría."

1ª PEDRO 5. 8-9
"Sed sobrios y velad; vuestro adversario el diablo, ronda como león rugiente buscando a quien devorar, resistirle firmes en la fe"

LA HUMILDAD.
La humildad es una virtud, que consiste en conocer las propias limitaciones y debilidades, y actuar de acuerdo a tal conocimiento, es la ausencia de la soberbia, caracteriza a las personas modestas que no se sienten mejores o más importantes a pesar de sus logros.

QUE NOS DICE LA PALABRA DE DIOS
JUAN 13. 14-15
"Pues si Yo, el Señor y Maestro os he lavado los pies, vosotros también debéis lavaros los pies unos a otros, porque os he dado ejemplo, para que también vosotros hagáis lo que yo he hecho con vosotros"

LA CASTIDAD.
La castidad no es solo un hecho material relativo a la integridad del cuerpo, sino ante todo un hecho espiritual interior, que abarca tanto la mente como el corazón.
La castidad del cuerpo, debe ser el reflejo de la pureza interior.

QUE NOS DICE LA PALABRA DE DIOS
1ª CORINTIOS 6. 19
"No sabéis, que vuestro cuerpo es templo del Espíritu Santo, que está en vosotros y lo habéis recibido de Dios y que no os pertenecéis. Habéis sido bien comprados, glorificad por tanto a Dios en vuestro cuerpo."

2ª CORINTIOS 4. 10
"Llevamos siempre en nuestros cuerpos por todas partes la muerte de Jesús, a fin de que también la vida de Jesús se manifieste en nuestro cuerpo."

RENOVACION DE LAS PROMESAS DEL BAUTISMO

Por el misterio pascual, hemos sido sepultados con Cristo en el bautismo, para que vivamos una vida nueva. Por tanto en el sacramento de la confirmación renovamos esas promesas con las que en otro tiempo, renunciamos a satanás y a sus obras, y prometimos servir fielmente a Dios en la Santa Iglesia Católica.
Cuando renovamos nuestro bautismo decimos Si, renuncio

LA PROFESIÓN DE FE

CREO
Cuando profesamos nuestra fe, comenzamos diciendo: Si Creo.

La fe es la respuesta del hombre a Dios que se revela, es el deseo de Dios que está inscrito en el corazón del hombre, porque el hombre ha sido creado por Dios y para Dios, solo en Dios el hombre encontrará la verdad.
Mediante la razón natural, el hombre puede conocer a Dios con certeza, a partir de sus obras. Pero existe otro orden de conocimiento, que el hombre no puede alcanzar por sus propias fuerzas, el de la Revelación Divina.

Por su decisión libre Dios se revela y se da al hombre; revela plenamente su designio enviando a su Hijo Amado, Nuestro Señor Jesucristo y al Espíritu Santo.

CREO EN DIOS, PADRE TODO PODEROSO
CREADOR DEL CIELO Y LA TIERRA.

Esta es la primera afirmación de la profesión de fe, es también la más fundamental.
Dios es único, no hay más que un solo Dios, por naturaleza, por substancia, y por esencia **82** Dios al revelar su nombre expresa: Yo soy el que soy; **83** este es mi nombre para siempre, por él seré invocado de generación en generación, Yahvé, Dios misericordioso y clemente tardo a la cólera, y rico en amor y fidelidad, **84**, es un Dios que perdona.

A lo largo de la historia Israel, descubrió que Dios solo tenía una razón para revelarse y escogerlo entre todos los pueblos, como pueblo suyo; su amor gratuito.
Confesar, que Dios es Padre todo poderoso, tiene un gran alcance para nuestra vida, porque Dios lo ha creado todo, rige todo, y lo puede todo, es amoroso porque Dios es nuestro Padre **85**
Solo la fe puede descubrir la omnipotencia de Dios, sobre el origen del mundo y del hombre, siempre será objeto de investigación científica, con la impresión de que estos descubrimientos nos llevan a admirar más las grandezas del Creador.
No se trata pues, de saber cómo y cuando surgió el mundo y el hombre, sino qué sentido tiene la creación entera para la orientación de nuestra vida y nuestro obrar.

82- Deuteronomio 6. 4-5 Isaías 45. 22-24 Filipenses 2. 10-11
83- Éxodo 3. 13-15
84- Éxodo 34. 5-6
85- Mateo 6. 9

QUE NOS DICE LA PALABRA DE DIOS.
SALMO 115 16

"El cielo es el cielo de Yahvé, la tierra se la ha dado a los hombres."

SALMO 19 2

"Los cielos cuentan la obra de Dios, el firmamento anuncia la obra de sus manos."

CREO EN JESUCRISTO SU ÚNICO HIJO NUESTRO SEÑOR

El nombre de Jesús, significa Dios salva, porque Él salvará a su pueblo de sus pecados **86**, no hay bajo el cielo otro nombre dado a los hombres, por el que nosotros debemos salvarnos **87**
El nombre de Cristo, significa Ungido, Mesías; Jesús es el Cristo porque Dios le Ungió con Espíritu Santo **88**, es el que ha de venir y el objeto de la esperanza de Israel.
El nombre de Hijo de Dios, significa la relación única y eterna de Jesucristo con Dios su Padre: Él es el Hijo único del Padre, y Él mismo es Dios.
El nombre de Señor, significa la soberanía Divina; confesar e invocar a Jesús como Señor, es creer en su Divinidad; nadie pues, puede decir Jesús es el Señor, sino por influjo del Espíritu Santo

Dios, ha visitado a su pueblo, ha cumplido las promesas hechas a Abraham y a su descendencia, lo ha hecho más allá de toda expectativa: Él ha enviado a su Hijo Amado, porque la Palabra se hizo carne y puso su morada entre nosotros, y hemos visto su gloria; gloria que recibe del Padre, como Hijo único, lleno de gracia y de verdad 89

QUE NOS DICE LA PALABRA DE DIOS
GÁLATAS, 4. 4-5
"Al llegar la plenitud de los tiempo, envió Dios a su Hijo, nacido de mujer, nacido bajo la ley, para rescatar a los se hallaban bajo la ley, y para recibiéramos la filiación adoptiva."

86- Mateo 1. 21
87- Hechos 4. 12
88- Hechos 10. 38
89- Juan 1. 14

QUE FUE CONCEBIDO POR OBRA Y GRACIA DEL ESPIRITU SANTO
NACIÓ DE SANTA MARIA VIRGEN.
La Iglesia, llama Encarnación, al hecho de que Él Hijo de Dios, haya asumido una naturaleza humana, para llevar a cabo por ella, nuestra salvación. Se hizo verdaderamente hombre, sin dejar de ser verdaderamente Dios, Jesucristo es entonces verdadero Dios y verdadero hombre.
Por el anuncio del arcángel Gabriel, María es invitada a concebir al Salvador del Mundo, y se dio por obra del Espíritu Santo, se encarnó para salvarnos, reconciliarnos con Dios que nos ama y nos envió a su Hijo, como propiciación de nuestros pecados **90**

QUE NOS DICE LA PALABRA DE DIOS
ISAÍAS 7, 14
"Pues, bien el Señor mismo, va a daros, una señal, he aquí que una virgen esta en cinta y va a dar a luz un hijo y le pondrá por nombre Emmanuel, (que quiere decir Dios con nosotros)"

1ª DE JUAN 4. 9
"En esto se manifestó, entre nosotros el amor de Dios, en que Dios envió a
Su Hijo al mundo para que viviéramos por medio de Él"

PADECIO BAJO EL PODER DE PONCIO PILATO
FUE CRUCIFICADO, MUERTO Y SEPULTADO
Este designio Divino de Salvación, a través de la muerte del Siervo, el Justo **91** había sido anunciado antes en la escritura como un misterio de redención universal, es decir que libera a los hombres de la esclavitud del pecado.
La muerte de Cristo es a su vez el Sacrificio Pascual que lleva a cabo la redención de los hombres y la comunión con Dios.

Durante el tiempo que permaneció Cristo en el sepulcro, su persona Divina, continua asumiendo tanto su alma, como su cuerpo; separados sin embargo entre sí por causa de la muerte, por eso el cuerpo de Cristo no conoció la corrupción 92

QUE NOS DICE LA PALABRA DE DIOS
ISAÍAS 53. 11-12
"Por las fatigas de su alma, verá luz, se saciará. Por su conocimiento justificará mi Siervo a muchos y las culpas de ellos, Él soportará, Por eso le daré parte entre los grandes y con poderosos repartirá despojos. Ya que indefenso se entregó a la muerte y con los rebeldes fue contado, cuando Él llevó el pecado de muchos, e intercedió por los rebeldes."

JUAN 8. 34- 36
"Jesús, les respondió: en verdad, en verdad os digo, todo el que comete pecado es un esclavo y el esclavo no se queda en casa para siempre; mientras el hijo se queda para siempre. Si pues, El Hijo os da la libertad seréis realmente libres"

90- 1ª Juan 4. 10
91- Isaías 3. 11 y Hechos 3. 14
92- Hechos 13. 37

DESCENDIO A LOS INFIERNOS AL TERCER DIA
RESUCITO DE ENTRE LOS MUERTOS.
Jesús conoció la muerte, como todos los hombres y se reunió con ellos en la morada de los muertos, pero ha descendido como Salvador, proclamando la buena nueva, a los espíritus, que estaba allí detenidos 93
Las escrituras llaman infiernos, Sheol, o hades a la morada de los muertos donde bajo Cristo después de su muerte, porque los que se encontraban allí estaba privados de la visión de Dios 94
El misterio de la resurrección de Cristo es un acontecimiento real, que tuvo manifestaciones históricas comprobadas, como lo atestigua el nuevo testamento.
En el acontecimiento de la Pascua, el primer elemento que se encuentra es el sepulcro vacío, su descubrimiento por los discípulos fue el primer paso para reconocerlo como resucitado: en primer lugar las mujeres, luego Pedro y el discípulo quien Jesús amaba.
Pedro llamado a confirmar en la fe a sus hermanos, ve por tanto al resucitado antes que a los demás.

QUE NOS DICE LA PALABRA DE DIOS
1ª CORINTIOS 15 3-6
"Porque os transmití, en primer lugar, lo que a mi vez recibí: que Cristo murió por nuestros pecados, según las escrituras, que fue sepultado y que resucitó al tercer día, según las escrituras, que se apareció a Pedro y luego a los doce; después se apareció a más de quinientos hermanos nuestros a la vez, de los cuales todavía la mayor parte viven y otros murieron."

93- 1ª Pedro 3. 18-19
94- Salmos 6. 6 y 88. 18-19

SUBIÓ A LOS CIELOS Y ESTA SENTADO
A LA DERECHA DE DIOS PADRE TODOPODEROSO.
DESDE ALLÍ HA DE VENIR A JUZGAR A VIVOS Y MUERTOS

La ascensión de Nuestro Señor Jesucristo marca la entrada definitiva de la humanidad de Jesús en el dominio celeste de Dios de donde ha de volver, **95**

Jesucristo, cabeza de la Iglesia, nos precede en el Reino Glorioso del Padre, para que nosotros miembros de su Cuerpo, vivamos en la esperanza de estar un día en Él eternamente.
Jesucristo, habiendo entrado una vez por todas en el santuario del cielo; intercede por nosotros como mediador, que nos asegura permanentemente la efusión del Espíritu Santo.
Cristo murió y volvió a la vida para eso, para ser Señor de vivos y muertos **96**
La ascensión de Cristo al cielo, significa su participación en la humanidad, en el poder y en autoridad de Dios mismo, Jesucristo es el Señor: posee todo poder en los cielos y en la tierra. Él está por encima de todo Principado, Potestad, virtud, denominación, porque Él Padre bajo sus pies sometió todas las cosas **97**
Cristo es el Señor del cosmos y de la historia. En Él, la historia de la humanidad e incluso toda la creación encuentran su recapitulación.
Siguiendo a los profetas y a Juan Bautista, Jesús anunció en su predicación, el juicio del último día; entonces se pondrá a la luz la conducta de cada uno **98**, y el secreto de los corazones.

QUE NOS DICE LA PALABRA DE DIOS
EFESIOS 4. 10

"Éste que bajó, es el mismo que subió, por encima de todos los cielos, para llenar el universo."

95- Hechos 1. 11
96- Romanos 14. 9
97- Efesios 1. 20-22
98- Marcos 12. 38-40

CREO EN EL ESPIRITU SANTO.

Dios, ha enviado a nuestros corazones, el Espíritu de su hijo que clama: Abba Padre, **99.**
Este conocimiento de fe no es posible sino en el Espíritu Santo.
Para entrar en contacto con Cristo es necesario primero haber sido atraído por el Espíritu Santo. Él es el que nos precede y despierta en nosotros la fe.
Mediante el Bautismo, primer sacramento de la fe; la vida que tiene su fuente en el Padre y se nos ofrece por el Hijo, se nos comunica íntima y personalmente por el Espíritu Santo en la Iglesia.

Creer en el Espíritu Santo es, por tanto profesar que es una de las personas de la Santísima Trinidad, consubstancial al Padre y al Hijo, que con el Padre y el Hijo recibe una misma adoración y gloria.
La Palabra de Dios y su soplo, viento, aliento, están en el origen del ser y de la vida de toda criatura; Juan Bautista, enviado por Dios, fue lleno del Espíritu Santo, ya desde el seno de su madre.
María Santísima, Madre de Dios, es la obra maestra de la misión de su Hijo y del Espíritu Santo

QUE NOS DICE LA PALABRA DE DIOS
SALMO 33. 6
"Por la Palabra de Yahvé, fueron hechos los cielos, por el aliento de su boca, todos sus ejércitos "

SALMO 104. 30
"Si, envías tu aliento, renuevas la faz de la tierra."

LA SANTA IGLESIA CATOLICA
La palabra Iglesia, en griego, significa convocación, designa asambleas del pueblo.
En el lenguaje cristiano, la palabra Iglesia designa no solo asamblea litúrgica, sino también la comunidad local, **100.** La Iglesia es pues el pueblo que Dios reúne en el mundo entero.
La Iglesia, se llama también Pueblo de Dios, Redil, cuya puerta única y necesaria es Cristo, Labranza o Campo de Dios, construcción de Dios, Templo Santo, es llamada también, la Jerusalén de arriba y madre nuestra.
El pueblo de Dios, tiene como misión ser sal de la tierra y luz del mundo **101**, es una semilla de unidad, de esperanza y de salvación, para todo el género humano; su destino es el Reino de Dios y participa de las funciones de Cristo como sacerdote, profeta y rey.

99- Gálatas 4. 6
100- 1ª Corintios 1. 2 y 16. 1
101- Mateo 5. 13-16

La Iglesia cuerpo de Cristo, porque establece una comunión entre Él y los que lo sigue: Yo soy la vida y vosotros los sarmientos **102**
La Iglesia de Cristo, que confesamos en el credo es: Una, Santa, Católica y Apostólica **103**, estos cuatro atributos, inseparables y unidos entre sí, indican los rasgos esenciales de la Iglesia y de su misión; la Iglesia no tiene estos rasgos por sí misma; es Cristo quien, por el Espíritu Santo, da a la Iglesia el ser una santa católica y apostólica , que unida a Cristo está santificada por Él, y con Él, ella también ha sido hecha santificadora, universal, porque permanece edificada sobre el fundamento de los apóstoles **104**

QUE NOS DICE LA PALABRA DE DIOS
1ª CORINTIOS 11. 18

"Pues, ante todo, oigo, que al reuniros en la asamblea, hay entre vosotros divisiones y lo creo en parte. Desde luego que tiene que haber entre vosotros disensiones, para que se ponga de manifiesto quienes son los auténticos entre vosotros"

HECHOS 2. 42
"Se mantenían constantes en la enseñanza de los apóstoles, en la comunión, en la fracción del pan y en las oraciones "

2ª TIMOTEO 1. 13-14
"Ten por norma las palabras sanas que oíste de mí, en la fe y en la caridad, de Cristo Jesús. Conserva el buen deposito mediante el Espíritu Santo que habita en nosotros."

LA COMUNIÓN DE LOS SANTOS
Que es la Iglesia, sino asamblea de todos los santos; la comunión de los santos es precisamente la Iglesia.
Como todos los creyentes forman un solo cuerpo, el bien de los unos se comunica a los otros, es por ello que todos debemos orar los unos por los otros.

QUE NOS DICE LA PALABRA DE DIOS
ROMANOS 12. 1
"Os exhorto, pues hermanos, por la misericordia de Dios, a que os ofrezcáis a vosotros mismos como sacrificio vivo, santo agradable a Dios, tal será vuestro culto espiritual".

102- Juan 15. 4-5
103- Lumen Gentium No 8
104- Efesios 2. 20 y Hechos 21. 14

EL PERDÓN DE LOS PECADOS
El Bautismo, es el primero y principal sacramento del perdón de los pecados, porque nos une a Cristo muerto por nuestros pecados y resucitado para nuestra justificación **105**, a fin de que vivíamos también una vida nueva
Cristo, resucitado les confirió su propio poder divino de perdonar los pecados.
Recibid el Espíritu Santo. A quienes perdonéis los pecados, le quedan perdonados; a quien se los retengáis, les quedan retenidos **106**

QUE NOS DICE LA PALABRA DE DIOS
LUCAS 24. 47
"Y que se predicaría, en su nombre; la conversión para perdón de los pecados a todas las naciones, empezando por Jerusalén"

LA RESURRECCION DE LA CARNE.
El credo cristiano culmina en la proclamación de la resurrección de los muertos al fin de los tiempos y en la vida eterna.

Creemos firmemente y así lo esperamos, que del mismo modo que Cristo ha resucitado verdaderamente entre los muertos y que vive para siempre, igualmente los justos, después de su muerte, vivirán para siempre con Cristo **107**
El termino carne, designa al hombre en su condición de debilidad y de mortalidad **108,** la resurrección de los muertos es pues, esperanza de los cristianos.
Unidos a Cristo por el Bautismo, los creyentes participan, ya realmente en la vida celestial de Cristo resucitado **109**

QUE NOS DICE LA PALABRA DE DIOS
FILIPENSES 1. 21
"Pues, para mí, la vida es Cristo, y el morir una ganancia."

LA VIDA ETERNA
El cristiano que une su propia muerte a la de Jesús, ve la muerte como una ida, hacia Él, y la entrada en la vida eterna.
La muerte pone fin a la vida del hombre; los que mueren, en la gracia y la amistad, con Dios y están perfectamente purificados, viven, para siempre con Cristo.
El cielo es el fin último y la realización de la aspiración más profunda del hombre, que Dios preparó para los que lo aman. **110**
Los que mueren en la gracia y en la amistad con Dios, pero imperfectamente purificados, aunque están seguros de su eterna salvación, sufren después de su muerte una purificación, a fin, de obtener la santidad necesaria, para entrar en la alegría del cielo; la Iglesia llama Purgatorio a esta purificación.
Morir en pecado mortal, sin estar arrepentido, ni acoger el amor misericordioso de Dios, significa, permanecer separados de Él, para siempre, por nuestra propia y libre elección. Este estado de autoexclusión definitiva con Dios, es lo que la Iglesia designa como infierno, ya que es la separación eterna con Dios; es por ello que la Iglesia hace un llamado apremiante para lo conversión

QUE NOS DICE LA PALABRA DE DIOS
2 MACABEOS 12. 43-4
"Después, de haber reunido, entre sus hombres, cerca de dos mil dracmas, las mandó a Jerusalén, para ofrecer un sacrificio por el pecado, obrando muy hermosa y noblemente pensando en la resurrección, pues de no esperar, que los soldados caídos resucitarían, habría sido superfluo y necio rogar por los muertos

105-Romanos 4. 25
106- Juan 20. 22-23
107- Juan 6. 39-40
108- Génesis 6. 3
109- Filipenses 3. 20
110- 1ª Corintios 2. 9

ANUNCIO: Isaías. 42. 1-4 Ezequiel 36. 26-28 Joel 2. 28-32

PROMESA DEL ESPÍRITU SANTO Isaías 11. 1-7 Lucas 1. 26-38

PROMESA CUMPLIDA: Hechos 2. 1-11 Juan 20. 19-22

EL COMFIRMADO COMO TESTIGO DEL AMOR: Jeremías 20. 7-11 Mateo 7. 21-27

LA CONFIRMACIÓN ES EL SELLO DEL ESPÍRITU SANTO: Hechos. 19. 1.7 2ª Corintios 21-22 Efesios 1. 13-14

EL SACRAMENTO DE LA EUCARISTÍA

La Eucaristía, es el sacramento en el cual, bajo las especies de pan y vino, Jesucristo se halla verdadera, real y sustancialmente presente, con su cuerpo, su sangre, su alma y su divinidad.
La Eucaristía como sacramento, y la Eucaristía como sacrificio, tienen en sí una doble significación
Por una parte, la consagración del pan en el Cuerpo de Cristo, y del vino en su Sangre, renueva el sacrificio de Jesucristo en la cruz
Por otra parte, la recepción de Jesucristo sacramentado bajo las especies de pan y vino, en la sagrada comunión significa el alimento espiritual del alma. Y así en cuanto que ella se da la gracia invisible bajo especies visibles, guarda razón de sacramento. Tiene razón de sacrificio en cuanto se ofrece y de sacramento en cuanto se recibe.

Antes de la llegada de Nuestro Señor Jesucristo, a la tierra, la Eucaristía que habría de venir fue prefigurada de diversos modos en el Antiguo Testamento. Fueron figuras de este sacramento:
El maná con el cual, Dios alimentó a los israelitas durante cuarenta años en el desierto **111**, Y al que Jesús se refiere en el discurso eucarístico de Cafarnaúm **112**

El sacrificio de Melquisedec, gran sacerdote que ofreció, pan y vino, para dar gracias por la victoria de Abraham **113**, gesto que sería recordado por San Pablo, para hablar de Jesucristo como sacerdote eterno según el orden de Melquisedec **114**.

Los panes de la proposición, que estaban de continuo expuestos en el templo de Dios, pudiéndose alimentar con ellos, solo los que fueran puros **115**,

El sacrificio de Abraham, que ofreció a su hijo, Isaac por ser ésa la voluntad de Dios **116**.

El sacrificio del cordero pascual, cuya sangre libró de la muerte a los Israelitas **117**

Salomón en el libro de los Proverbios, "La Sabiduría se edificó una casa con siete columnas (los siete sacramentos), preparó una mesa y envió a sus criados a decir: Venid, comed el pan y bebed el vino que os he preparado" **118.**

El profeta Zacarías predijo la fundación de la iglesia como una abundancia de bienes espirituales y hablo del trigo de los elegidos y del vino que hace germinar la pureza **119.**

El profeta Malaquías hablando de las impurezas de los sacrificios de la ley antigua, puso en boca de Dios, este anuncio del sacrificio de la nueva ley: "Desde donde sale el sol hasta el ocaso grande es mi nombre entre las gentes, y en todo lugar se sacrifica y ofrece a mi nombre una oblación pura "**120**

La verdad de la presencia real, corporal y sustancial de Jesús, en la Eucaristía, fue profetizada por el mismo Señor, antes de instituirla, durante el discurso que pronunció en la sinagoga de Cafarnaúm, al día siguiente de haber hecho el milagro de la multiplicación de los panes y los peces. "En verdad os digo que no fue Moisés el que os dio el pan de cielo, Es Mi Padre quien os dará el verdadero pan del cielo. Porque el pan de Dios es Aquel que desciende del cielo y da vida al mundo. Le dijeron Señor danos siempre de ese pan; les respondió Jesús Yo soy el pan de Vida, Si uno come de este pan vivirá para siempre, pues el pan que yo daré es mi carne, para la vida del mundo **121**

La materia para la confección de la Eucaristía es el pan de trigo y el vino de la vid. Ésta es una verdad de fe, ya que fueron utilizados por Cristo durante la última cena **122.**
El pan tiene que ser ázimo, no fermentado, exclusivamente de trigo, el vino tiene que ser de uva, sin mezclas.
Al vino se le añadan unas gotas de agua, ya que el mezclar agua al vino era práctica universal entre los judíos, y así seguramente lo hizo Jesucristo.

111- Éxodo 16. 4-35
112- Juan 6. 31 ss.
113- Génesis 14. 18
114- Hebreos 7. 11
115- Éxodo 25. 30
116- Génesis 22. 10
117- Éxodo 12
118- Proverbios 9. 1
119- Zacarías 9. 17
120- Malaquías 1. 10 ss.
121- Juan 6. 32-34, 51
122- Mateo. 26. 26-28 Marcos 14. 22-25 Lucas 22. 19-20 1Corintios 11. 23-26

La forma son las palabras con las que Cristo instituyo este sacramento "Esto es mi Cuerpo está es mi Sangre "

Cuando se recibe el sacramento de la Eucaristía, produce en el alma los siguientes efectos:

1- Aumento de la gracia santificante
2- Produce gracia sacramental

3- Perdón de los pecados veniales
4- Prenda de vida eterna

La Sagrada Eucaristía es capaz de producir por sí misma un aumento de la gracia santificante, mayor que cualquier otro sacramento, por contener al mismo autor de la gracia; por eso se puede decir que, al ser la gracia unión con Cristo, el fruto principal de la Eucaristía es la unión intima que se establece entre quien recibe el sacramento y Cristo mismo.

La gracia sacramental especifica de la Eucaristía es llamada "gracia nutritiva "porque se nos da a manera de alimento divino que conforta y vigoriza en el alma la vida sobrenatural.

También se perdonan los pecados veniales, alejando del alma la debilidad espiritual, preservándonos de los pecados futuros.

De acuerdo a las palabras de Cristo en Cafarnaúm, la Eucaristía constituye un adelanto de la bienaventuranza celestial y de la futura resurrección del cuerpo 123

La Eucaristía hace una verdadera transformación del alma en Cristo, por eso para comulgar el Cuerpo de Cristo hay que estar en gracia de Dios, esto es sin pecado mortal.

El pecado venial no es obstáculo para comulgar, pero es propio dolerse de las faltas más pequeñas, para que Él encuentre un corazón bien dispuesto. Así mismo para recibir la sagrada comunión debe ser precedida de una preparación y de la acción de gracias.

Por la fuerza de las palabras de la consagración, Cristo se hace presente, tal y como existe en la realidad, bajo las especies de pan y vino y, en consecuencia ya que está vivo y glorioso en el cielo al modo natural en la Eucaristía está presente todo entero, de modo sacramental.

La fe, en la Presencia real, verdadera y sustancial de Cristo en la Eucaristía, nos asegura por tanto que allí está el mismo Jesús que vivió en Nazaret durante treinta años, y que predicó y se preocupó de todos los hombres durante su vida pública, que murió, resucitó y Está sentado a la diestra de Dios Padre Al terminar la Santa Misa, Jesús sigue presente en las formas (hostias) que se reservan en la Sagrario.

La verdad de la presencia real, corporal, y sustancial de Jesús en la Eucaristía, fue profetizada por el mismo Jesús, antes de instituirla, durante el discurso que pronunció en la Sinagoga de Cafarnaúm al día siguiente de haber hecho el milagro de la multiplicación de los panes y los peces.

"En verdad, en verdad os digo, Moisés no es dio el pan del cielo; es mi Padre quien os dará el verdadero pan del cielo. Porque el pan de Dios es Aquel que desciende del cielo y da la vida al mundo. Le dijeron: Señor danos siempre de ese pan. Respondió Jesús: Yo soy el pan de vida. Si uno come de este pan vivirá para siempre, pues el pan que yo daré es mi carne, para la vida del mundo 124."

Lo que Cristo prometió en Cafarnaúm, lo realizó en Jerusalén, el jueves santo en la última cena.

La palabra de Jesús, fueron muy claras, al mandato que les dio a sus discípulos "Haced esto en memoria mía.**125**
Los primeros cristianos comenzaron a reunirse para celebrar juntos la "Fracción del Pan "

Como en todo sacramento, en la Eucaristía, se distingue un signo sensible que nos comunica la gracia. Basta recordar si institución en la Última Cena: Jesús utiliza dos elementos sencillos, el pan y el vino y pronuncia unas palabras que hacen o configuran el sacramento. Así queda constituido el signo: el pan y el vino serán la materia para la confección de la Eucaristía, y las palabras de la consagración, que son las mismas palabras de Cristo pronunciadas dentro de la misa, las que renuevan esa transformación que la iglesia ha llamado transustanciación.

123- Juan 6. 54
124- Juan 6. 51-56
125- Lucas 22. 19

La materia para la celebración de la Eucaristía, es el pan, hecho de trigo y con una poco de agua, no se puede celebrar la Eucaristía con ningún otro tipo de pan.
El vino debe ser de la vid, agregándole unas gotas de agua. Mezclar La forma son las palabras, con las que Cristo instituyó este sacramento: Esto es mi Cuerpo, está es mi Sangre
Agregarle un poco de agua al vino era práctica entre los judíos, los griegos y los romanos, seguramente así lo hizo Jesucristo.

Inmediatamente después de la consagración, es decir después de pronunciadas las palabras de la institución, se hallan presentes el verdadero Cuerpo y la verdadera Sangre del Señor.
Habiendo dejado expuesta la verdad de la Presencia real de Cristo en la Eucaristía, hablemos ahora del modo de realizarse: es importante recordar, sin embargo, que las verdades de fe se creen no por su evidencia racional, sino porque nos han sido reveladas por Dios, que nunca engaña. Por ello, y siendo la Eucaristía una insondable verdad de fe, no se trata de "probar "la presencia real de Jesucristo, pues es un misterio inalcanzable a la razón.

El magisterio de la iglesia, nos enseña que en el sacramento de la Eucaristía, se produce una singular y maravillosa conversión de toda la substancia del pan en el Cuerpo de Cristo y de toda substancia del vino en la Sangre de Cristo, conversión que la iglesia católica llama **transubstanciación** y se verifica en el momento mismo en que el sacerdote pronuncia sobre la materia las palabras de la forma " esto es mi cuerpo, este es el cáliz de mi sangre, de manera que habiéndolas pronunciado, no existen ya ni la substancia del pan, ni la substancia del vino. Solo existen sus apariencias exteriores.

Ahora bien, en la Eucaristía como ya se dijo, hay un cambio de sustancia, pero no hay cambio en la especies de pan y vino, pues en la sustancia está realmente el cuerpo y la sangre de Cristo, pero las especies de pan y vino siguen iguales

Es de recordar que Cristo esta entero en su cuerpo en el pan, pero también está entero con su sangre en el vino, es decir no está dividido.

Aunque el sacramento y el sacrificio de la Eucaristía se realizan por medio de la misma consagración, existe entre ellos una distinción conceptual,
La Eucaristía es sacramento en cuanto Cristo se nos da en ella, y es sacrificio en cuanto que en ella Cristo se ofrece a Dios como sacrificio.
La Eucaristía como sacramento, es una realidad permanente, como sacrificio es una realidad transitoria.
Se entiende como sacramento la Hostia ya consagrada; se entiende como sacrificio en la Santa Misa, esto es cuando se lleva a cabo la consagración.

Por sacrificio se entiende:

1- El ofrecimiento a Dios
2- De una cosa sensible que se destruye o inmola
3- Hecha por el ministro legitimo
4- En reconocimiento del supremo dominio de Dios sobre las creaturas

Adán y sus hijos sacrificaban las primicias del campo, y del rebaño para honrar a Dios, 126 Noé al salir del Arca sacrificó animales para darle gracias a Dios 127. La inmolación del cordero pascual que sirvió para librar de la muerte a los israelitas 128.

LA PALABRA DE DIOS EN EL SACRAMENTO DE LA EUCARISTÍA
MARCOS 14. 22-24
"Y mientras estaba comiendo, tomo pan lo bendijo, lo partió se los dio y dijo: Este es mi Cuerpo, tomo luego una copa, y dadas las gracias, se las dio, y bebieron todos de ella y les dijo: Esta es mi sangre de la alianza que es derramada por muchos."

JUAN 6 51-59
"Yo soy el Pan vivo bajado del cielo. Si uno come de este Pan vivirá para siempre y el pan que yo les voy a dar es mi carne para la vida del mundo. Discutían entre sí los judíos y decían: ¿cómo puede este darnos a comer su carne? Jesús les dijo: En verdad, en verdad os digo, si no coméis la carne del Hijo del Hombre y no bebéis mi sangre no tenéis vida en vosotros; el que come mi carne y bebe mi sangre tiene vida eterna y Yo lo resucitare el último día. Porque mi carne es verdadera comida y mi sangre verdadera bebida; el que come mi carne y bebe mi sangre permanece en Mí y Yo en él; lo mismo que el Padre que vive, me ha enviado y Yo vivo por el Padre, también el que coma mi Cuerpo y beba mi Sangre vivirá por Mí. Este es el Pan bajado del cielo; no como el que comieron sus padres y murieron, el que coma de este Pan vivirá para siempre."

1ª CORINTIOS 11. 23-26
"Porque yo recibí del Señor lo que os trasmití; que el Señor Jesús la noche en que fue entregado, tomo pan, dando gracias lo partió y dijo: Este es mi Cuerpo que se entrega por

vosotros, haced esto en memoria Mía; así mismo tomo el cáliz después de cenar diciendo: esta copa es la nueva alianza en Mi sangre, cuantas veces, la bebieres hacedlo en memoria Mía, pues cada vez que comáis de este Pan y bebáis de este cáliz, anuncias la muerte del Señor hasta que venga.

Todos estos sacrificios, llamados sacrificios de la antigua ley, anunciaban y prefiguraban el verdadero y perfecto sacrificio. El sacrificio de la nueva ley realizado por Jesucristo con su muerte en la Cruz. Por eso la misa no es una simple representación, sino que es una renovación del sacrificio de la cruz, también hay una íntima relación entre la misa y la Última Cena.

126-Génesis 4. 3
127-Génesis. 8. 20
128- Éxodo 12

LA SANTA MISA.

La Eucaristía es acción de gracias a Dios, es el Banquete del Señor, es la fracción del pan, es asamblea eucarística, porque es celebrada en la asamblea de los fieles, es el Santo Sacrificio de la misa, porque actualiza el único sacrificio de Cristo Salvador; es también comunión porque produce una estrecha unión con Cristo y a través de Él, con todo el cuerpo místico de la iglesia.

En la consagración del Pan y del Vino, está el Cuerpo y la Sangre de Jesucristo, su alma y su divinidad y lo recibimos como alimento espiritual, para que nos aumente la gracia, las virtudes y nos aleja del pecado
Es muy importante participar en la Sagrada Eucaristía o Santa misa, porque nos encontramos con el mismo Jesucristo Hijo de Dios, autor de la gracia y de la vida, revivimos el momento más importante en la historia de la humanidad, que fue cuando Cristo quitó el pecado del mundo, ofreciéndose a Dios Padre en la cruz

La Eucaristía, es pues la fuente y el culmen de toda vida cristiana, es signo de unidad y vinculo de caridad, banquete pascual en el que se recibe a Cristo, el alma se llena de gracia y se nos da prenda de la vida eterna. **129** es la presencia real de Cristo, instituida por el mismo en la última cena (Cristo nuestra pascua ha sido inmolado), por eso la cruz, la resurrección y la misma cena del Señor es nuestra realización de la pascua, aumenta nuestra esperanza y es remedio de inmortalidad **130**. Porque, al contemplarte como Tú eres, Dios Nuestro, seremos para siempre semejantes a ti y cantaremos eternamente tus alabanzas **131**
La Santa Misa, es una acción comunitaria, su valor es inmenso e incalculable, superior a todas las devociones.
Hay que tratar de comprender y darse cuenta en primer lugar que el sacerdote en el altar es Jesucristo, desde ese momento Jesús en su sacerdote, revive indefinidamente la pasión.
Es la celebración dentro de la cual se lleva a cabo el sacramento de la Eucaristía, Su origen se remonta a los primeros tiempos de la iglesia, en donde los apóstoles y los primeros

discípulos se reunían el primer día de la semana, recordando la Resurrección de Cristo, para estudiar las escrituras y compartir el pan de la Eucaristía

Nos reunimos para celebrar recordando y viviendo la última cena y el sacrificio de Jesús en la cruz. Debemos de escuchar con atención lo que Dios nos quiere decir cada domingo en la Misa. Podemos participar en Jesucristo de la siguiente manera: podemos ofrecer a Dios nuestra vida, nuestras obras, pedir perdón por nuestros pecados y unirnos a Jesús por medio de la comunión.

En la Misa sucede algo muy extraordinario: Dios se va a hacer presente y se va a quedar con nosotros.

El nombre de Misa se debe a que al terminar la celebración, el sacerdote nos dice vayamos a cumplir con la "Misión "de ser testigos de Cristo ante los hombres.

La Santa Misa tiene unos ritos iniciales, que se comienza con algún canto de entrada; seguidamente los fieles de pie, se santiguan.

El sacerdote extendiendo las manos saluda. Para lo cual los fieles deben contestar ya que son participes de la celebración.

El acto penitencial con el cual se nos invita al arrepentimiento, después de un breve silencio, contestamos las invocaciones que el celebrante nos señala.

Después se dice Gloria, que es un himno que se puede cantar, sobre todo en las solemnidades pero en Adviento y en Cuaresma se suspende.

La liturgia de la Palabra va desde la primera lectura, salmo, segunda lectura, proclamación del Evangelio, y las oraciones de los fieles. Es muy importante estar a la escucha y a la participación de este momento de la Santa Misa, pues es el Señor que nos dirige sus palabras, para nuestra reflexión.

El credo es la profesión de fe, que hacen todos los fieles, para luego iniciar la liturgia Eucarística: que se compone de la presentación de las ofrendas (el Pan y el Vino) para ser consagrados por el sacerdote, pues nos da su cuerpo entregado ahora, y la sangre derramada ahora. Es la crucifixión del Señor y nos reunimos enseguida con Jesús en la cruz y ofrecemos desde este instante, al Padre, el sacrificio redentor.

El por Él, con Él, corresponden a las palabras de Jesús: Padre en tus manos encomiendo mi espíritu, desde ese momento el sacrificio es consumado y aceptado por el Padre. Los fieles recitan luego el Padre Nuestro

La fracción del pan marca la muerte de Jesús. Es por eso que el sacerdote parte la hostia, y luego deja caer una partícula en el cáliz que es la sangre preciosa del Señor.

Al unirse está partícula con el vino nos marca el momento de la resurrección, pues el cuerpo y la sangre se reúnen de nuevo y es a Cristo vivo que vamos a recibir en la comunión.

Después de la comunión sigue la oración y bendición.

El sacramento de la comunión o Eucaristía, es el mismo sacrificio de Cristo en la cruz, se recibe como alimento espiritual.

Comulgar es pues, recibir el Cuerpo y la Sangre de Jesucristo, verdadero Dios y verdadero hombre, bajo las especies de Pan y Vino consagrado

129- Catecismo de la iglesia No 271
130- Efesios 2. 37-47
131- Misal Romano 3ª Plegaria Eucarística

¿Cómo debemos vivir la misa?
En la Misa debemos poner atención durante las lecturas y la homilía; devoción y adoración durante la consagración; y disposición a cumplir la voluntad de Dios durante el ofertorio y la comunión.

¿Qué posturas debemos tener?
En la misa tenemos tres posturas diferentes: sentados, de pie, y de rodillas. Cuando estamos sentados estamos en actitud de escuchar con atención, como lo hacían los amigos de Jesús. Cuando estamos de pie, estamos en actitud de estar listos y disponibles para la llamada de Dios. Cuando estamos de rodillas estamos en actitud de adoración a nuestro Dios y Salvador.

Cuando vivimos la misa obtenemos varios frutos: entendemos la Palabra de Dios, crecemos en nuestra fe, para reconocer a Jesús, nos llenamos de alegría y paz interior; tenemos a Jesús presente en nuestra alma y las fuerzas necesarias para cumplir con nuestra misión.

Momentos de la Misa:

Entrada del sacerdote: y haciendo una genuflexión y un beso ante el altar, el altar debe estar presidido por un crucifijo porque ahí se va a celebrar el sacrificio de Cristo en la cruz. La inclinación del sacerdote es el primer acto de adoración y reverencia. El beso al altar significa el beso a la iglesia.

Rito introductorio: la Misa comienza con la señal de la cruz, símbolo del cristiano que indica nuestra fe en la Trinidad, la cual debe ir acompañada de la confesión de nuestra fe.
El sacerdote con las dos manos saluda: con una a Dios y con la otra a los fieles; las frases que pronuncian significan la unión entre el sacerdote y los fieles "El Señor esté con ustedes "

Acto penitencial: El sacerdote junta las manos en señal de humildad, se hace el primer silencio de la misa. Silencio de reflexión ante la invitación del sacerdote a arrepentirnos. Estos actos concluyen después de haber manifestado una actitud de humildad, un reconocimiento de nuestra condición de pecadores y haber pedido misericordia.
Sigue el Gloria, canto de alabanza para todos los domingos, excepto los de Adviento y Cuaresma

Oración colecta: Petición a Dios. Antes de rezarla, se hace el segundo silencio. Oración principal de la Misa, y dirigida al Padre, donde se pide un bien espiritual, esta oración se acomoda a los tiempos litúrgicos y finaliza con una invocación a la Santísima Trinidad, Con esto termina el rito introductorio.

Primera parte esencial de la Misa.

La liturgia de la Palabra se lleva a cabo en el ambón. Es una de las partes más importantes de la Misa.
En la misa diaria se hace una lectura un salmo y se proclama el evangelio, los domingos se hacen una primera lectura con el salmo, luego una segunda lectura y se proclama el evangelio.
La respuesta del salmo es para favorecer la meditación, en esta parte los fieles permanecen sentados con una actitud de atención, para que la Palabra los fortalezca y alimente.

La homilía: es un momento muy importante para la vida de los fieles; no se puede omitir, es una catequesis, que con la asistencia del Espíritu Santo, se interpreta rectamente las sagradas escrituras

El Credo: nuestra profesión de fe. Se profesan doce artículos, manifestando la fe en Dios, solo se reza los domingos y días festivos.

La oración de los fieles: Todas estas oraciones son de petición. Los fieles ofrecen sus peticiones al Señor. Su finalidad es pedir a Dios por las necesidades de la iglesia.

La preparación de las ofrendas: se llevan las ofrendas al altar, estas son el pan y el vino, se ofrecen por separado. Existe el simbolismo del pan y trabajo, como también la vid con el vino, ya que se obtiene de pisotear y machacar la vid, y simboliza el dolor y el sufrimiento. Con el pan y el vino se ofrece el trabajo, el descanso, las alegrías, las contrariedades.

El lavatorio de las manos: con este gesto, el sacerdote expresa el deseo de purificación y limpieza interior, e indica que se debe estar puro de todo pecado.

Oración sobre las ofrendas: El sacerdote abre las manos diciendo orad hermanos, para indicar, que los fieles también junto con él ofrecen el sacrificio, expresan a Dios, los sentimientos y deseos, suplicando que las reciba y nos conceda los bienes espirituales.

Segunda parte esencial de la Misa.

Liturgia Eucarística: Suele llamarse canon, comienza con el prefacio, es una exhortación a elevar los corazones, porque en unos momentos Dios se va a ser presente.
El sacerdote nos invita a alabar a Dios junto con los ángeles y arcángeles.
Sigue con la Anamnesis, para recordar el misterio pascual ofreciendo la víctima divina. Después viene la invocación del Espíritu Santo, o Epíclesis, al poner el sacerdote las manos sobre el cáliz, y es el momento para que los fieles se arrodillen.

La consagración del pan y el vino es el punto central de la Misa, la parte más importante porque se vuelve a celebrar el sacrificio de la cruz.
Al terminar el sacerdote dice: este es el misterio de nuestra fe, como invitación a los fieles a que se adhieran al misterio de la iglesia.
El rito de la consagración termina con la glorificación de la Trinidad (doxología)

Rito de comunión o plegaria Eucarística: es la consumación del sacrificio, el banquete, comienza con el Padre Nuestro. Se pide por la paz interna: cuando se da la paz se debe tener una verdadera disposición a ello.

Fracción del pan: el sacerdote parte la hostia consagrada. Se invoca al Cordero de Dios, que es el que quita el pecado del mundo, lo destruye.
Si no hubiera comunión, la Misa sería incompleta, no se puede olvidar a Cristo en la última cena, que nos exhorta a ello.
Luego de distribuida la comunión se limpian los objetos sagrados, con el fin de que el cuerpo y la sangre de Cristo, no sean mal utilizados no sin la reverencia que se merecen.
Es el momento para dar gracias a Dios, por todos los beneficios. Debe haber una postura de recogimiento.
Luego el sacerdote dice la oración después de la comunión, bendice al pueblo y lo invita a seguir viviendo la Misa.

LA PALABRA DE DIOS PARA LA CATEQUESIS DEL SACRAMENTO DE LA EUCARISTIA

Yo hare llover pan del cielo Éxodo 16. 2-4-12-15

La sangre de Cristo podrá purificar nuestra conciencia Hebreos 9. 11-15

Esto es mi Cuerpo, esta es mi Sangre Marcos 14. 12-16 22. 26

Pan de Vida Juan. 4. 16 6. 51-58 14. 23 15. 4-5 1ª Corintios 11. 26
1ª Reyes 19. 1-8

EL SACRAMENTO DE LA PENITENCIA O RECONCILIACION

Dentro del proceso de la iniciación cristiana, de los ya bautizados, ocupa también un lugar importante la celebración del sacramento de la Penitencia, aunque éste no sea un sacramento de iniciación cristiana, sino un sacramento de curación; 132 porque es por este sacramento que se obtiene la misericordia de Dios y el perdón de los pecados cometidos contra Él y, al mismo tiempo, se reconcilian con la Iglesia, a la que ofendieron con sus pecados.

El sacramento de la penitencia o reconciliación es el signo por el cual Cristo, nos ofrece y concede su perdón en la Iglesia a través de sus ministros. Como sacramento es uno de los siete sacramentos de la Nueva Ley, instituidos por Nuestro Señor Jesucristo
El signo sensible, que está constituido por los actos del penitente: contrición, confesión, satisfacción.
La institución por Cristo, de la que se habla con toda claridad, en la Sagrada Escritura "Recibid el Espíritu Santo dijo Jesús a sus apóstoles, a quienes les perdones los pecados serán perdonados, a quienes se los retengan le serán retenidos 133,
Produce la gracia santificante, la cual da fuerza para no volver a cometer los pecados.

Por su misericordia, El Señor está dispuesto a perdonar todos los pecados, Él fue preparando a sus apóstoles y discípulos, perdonando el mismo los pecados: Al paralitico de Cafarnaúm 134, a la mujer pecadora 135; y prometiendo además a los apóstoles la potestad de perdonar o retener pecados. "En verdad os digo: todo lo que atareis en la tierra será atado en el cielo, y lo que desatareis en la tierra, será desatado en el cielo 136

Ahora bien, no se trata solamente de un requisito inmediato para los que van hacer confirmados o van a comulgar por primera vez. La experiencia espiritual de la misericordia del Padre, que acoge y perdona, forma parte de los elementos gozosos de la preparación de los niños a la primera comunión
Cuando se trata de adolescentes que se preparan para recibir la Confirmación, la reconciliación individual es un momento fuerte de su vida cristiana una forma particular y real de vivir el compromiso que están llamados a asumir no solo como acto suyo sino como don de la fuerza de Dios.

Jesucristo es el hijo de Dios, y dice de Sí mismo; El Hijo del Hombre tiene poder para perdonar todos los pecados de la tierra, por eso solo Dios perdona todos los pecados.
Cristo confió el poder de la absolución, o perdón de los pecados al ministerio apostólico Obispos y Sacerdotes.
Se denomina también sacramento de Conversión, porque realiza sacramentalmente la llamada de Jesús a la conversión, volver al Padre del que el hombre se había alejado por el pecado

El sacramento de la Penitencia o de la reconciliación, debe estar presente, por tanto, para los bautizados en todo el itinerario de la preparación del sacramento de la Confirmación y de la primera comunión y constituir un aspecto doctrinal y práctico tanto de la catequesis como de la introducción en la vida litúrgica de la Iglesia, para los que se disponen a recibir estos sacramentos.

132- Catecismo de la Iglesia No 1420
169- Juan 20. 22
134- Lucas 5. 18-26
169- Lucas 7. 37-50
136- Mateo 18. 18

Cuando cometemos pecados de pensamientos, de palabras, de obra y de omisión, los cometemos en grado mortal o venial-

El pecado mortal es pues un acto que el hombre realiza libremente, dándose cuenta que con ese acto se aparta de Dios. Se perdona con el sacramento de la penitencia o reconciliación haciendo la confesión bien hecha.

El pecado venial, es un acto relativamente superficial que supone solo una libertad y voluntad débil y por esos no destruye en él el amor de Dios, pero si lo disminuye y lo dispone poco a poco a cometer el pecado mortal

Los pecados son fuente y origen de la soberbia, que nos lleva a despreciar a Dios y al prójimo; por eso contra la soberbia la humildad

La avaricia el pecado que nos lleva al deseo inmoderado de amontonar bienes terrenos, que nos puede llevar a la injusticia; contra la avaricia la generosidad.

La ira, el pecado que nos lleva a la violencia descontrolada; contra la ira la paciencia.

La lujuria, consiste en el goce desordenado del placer; contra la lujuria la castidad.

La gula, es el exceso de comidas y bebidas; contra la gula la templanza

La envidia es el pecado por el cual mostramos actitud de tristeza cuando vemos que los demás tienen bienes o cualidades que nosotros no tenemos; contra la envidia la caridad.

La pereza es el pecado que nos lleva a tener esa actitud de abandono de nuestros deberes; contra la pereza la diligencia

Se denomina sacramento de Penitencia, por que consagra un proceso personal y eclesial de conversión, de arrepentimiento y de reparación por parte del cristiano pecador.
Es llamado sacramento de la Confesión, porque la declaración o manifestación de todos los pecados ante el sacerdote, forma uno de los elementos esenciales de este sacramento.

Se le llama sacramento del Perdón, porque por la absolución sacramental del sacerdote Dios concede al penitente el perdón y la paz
En virtud de su autoridad divina, Jesucristo quiso que sus ministros perdonaran todos los pecados en nombre suyo y les dio el poder de hacerlo; en la tarde de la pascua.
Se denomina sacramento de la reconciliación, porque otorga al pecador el amor de Dios, que es el que reconcilia
El sacramento de la penitencia o reconciliación, se constituye pues, en torno al proceso de la conversión de un creyente que ha roto, por el pecado la opción fundamental de la fe, realizada en el Bautismo.

La Iglesia tiene conciencia de que a un después de haber roto la opción de la fe bautismal, Dios ofrece de nuevo el perdón; no retira nunca del hombre la posibilidad de reorientar su vida
Para recibir dignamente el sacramento de la Penitencia o reconciliación son necesarios cinco elementos:

1- **EL EXÁMEN DE CONCIENCIA.** Consiste en recordar todos los pecados cometidos, después de la última confesión bien hecha, tomando como base los diez mandamientos de la ley de Dios
2- **CONTRICCIÓN DE CORAZÓN.** Es el dolor que hemos sentido, por haber ofendido a Dios con nuestros pecados, al prójimo y a nosotros mismos.
3- **PROPÓSITO DE ENMIENDA.** Es una firme resolución de nunca más ofender a Dios, al prójimo, ni a nosotros
4- **CONFESIÓN DE BOCA.** Consiste en manifestar sin engaño ni mentira, todos los pecados cometidos, al sacerdote con intensión de recibir la absolución
5- **SATISFACCIÓN DE OBRA**. Consiste en cumplir con oraciones y obras la penitencia que el confesor manda

Cuando se hace una buena confesión se alcanza la gracia de Dios y nos une con Él, al reconciliarnos amorosamente obtenemos la paz y la tranquilidad de conciencia, produciéndonos una resurrección espiritual.

REFLEXION SOBRE LOS MANDAMIENTOS.

Examinar, con los diez mandamientos nuestra situación personal, es bueno para hacer un buen Examen de conciencia.

PRIMER MANDAMIENTO
Amar a Dios sobre todas las cosas.
Reflexionemos: Si no hemos puesto nada ni nadie por encima de Dios, como personas, bienes, posesiones. 137

SEGUNDO MANDAMIENTO:
No jurar en su Santo Nombre.

Reflexionemos: Si hemos utilizado mal el nombre de Dios, en promesas, compromisos o deberes que no tenemos intención de cumplir 138

TERCER MANDAMIENTO:

Santificar las fiestas.

Reflexionemos: Debemos ser muy sinceros con nosotros mismos, con el compromiso de participar en la Eucaristía todos los domingos y fiestas de guardar que la Iglesia indica y participar en los demás sacramentos 139

CUARTO MANDAMIENTO:

Honrar padre y madre.

Reflexionemos: Nos permite examinarnos como es nuestro comportamiento con nuestros padres; respeto, obediencia y amor

También, los padres deben respeto y amor a sus hijos 140

QUINTO MANDAMIENTO:

No matar.

Reflexionemos: La vida es sagrada porque viene y es dada por Dios. Falto a este mandamiento no solo cuando planeo o ejecuto la muerte de alguien, sino también cuando atentó contra la integridad de otros y la mía, destruyo la honra, el buen nombre con calumnias, difamaciones y mentiras 141

SEXTO MANDAMIENTO

No cometer actos impuros.

Reflexionemos: Nos prohíbe cometer adulterio, acciones impuras que van contra la moral y la pureza del espíritu y del cuerpo como lo es la masturbación, las relaciones prematrimoniales y la promiscuidad. 142

SEPTIMO MANDAMIENTO.

No robar.

Reflexionemos: No está bien, apoderarnos de lo que no nos pertenece, cometemos grave injusticia contra la sociedad. Estamos llamados a repararlo. 143

137- Deuteronomio 5. 6-22
138- Deuteronomio 4. 15-20
139- Levítico 23. 3 Números 15. 32-36
140- Eclesiástico 3. 1-16 Efesios 6. 2-6 Levítico 19. 11-18
141- Romanos 13. 9
142- Levítico 20. 10
143- Juan 10, 10 Ezequiel 22. 27

OCTAVO MANDAMIENTO.

No cometer falso testimonio, ni mentir.

Reflexionemos: El demonio es el padre de la mentira, por eso el que dice mentiras para conseguir algo comete un grave error, tampoco podemos justificar las mentiras piadosas **144**

NOVENO MANDAMIENTO.

No desear la mujer del prójimo.

Reflexionemos: Este mandamiento se refiere a desear la mujer o el hombre del prójimo, este mal deseo puede llegar a convertirse en adulterio. También se refiere a las personas que con sus comentarios destruyen la vida familiar o la relación de pareja, faltando así a la caridad fraterna **145**

DÉCIMO MANDAMIENTO

No desear los bienes ajenos.

Reflexionemos. Muchas veces desear lo de los demás, nos lleva a la envidia. Debemos agradecer a Dios por todo lo que tenemos y no compararnos con los que tiene más. **146**

144- Daniel 11. 27 Hechos 5. 3
145- 2º Samuel 11. 2-4 Mateo 5. 28
146- Lucas 12. 15 19. 8

LA PALABRA DE DIOS EN EL SACRAMENTO DE LA PENITENCIA O RECONCILIACIÓN

MATEO 16. 18-19

"Y Yo a mi vez te digo, que tú eres Pedro y sobre esta piedra edificaré mi Iglesia, y las puertas del infierno no prevalecerán contra ella, a ti te daré las llaves del Reino de los cielos; y lo que ates en la tierra, quedará atado en el cielo y lo que desates en la tierra quedará desatado en el cielo."

SANTIAGO 5. 15-16

"Y la oración de la fe, salvará al enfermo y el Señor, hará que se levante y si hubiera cometido algún pecado, le sean perdonados, confesaos pues, mutuamente vuestros pecados y orad los unos por los otros para que seáis curados"

MARCOS 2. 9-10

"Que es más fácil decirle al paralitico; tus pecados te son perdonados o decirle, levántate, toma tu camilla y anda. Pues para que sepáis que el Hijo del Hombre tiene en la tierra poder para perdonar todos los pecados."

JUAN 20. 23 21-

"Jesús les dijo otra vez, la paz con vosotros. Como el Padre me envió, también Yo os envió. Dicho esto soplo y les dijo. Recibid el Espíritu Santo, a quienes les perdonéis todos los pecados, les quedan perdonados; a los que se los retengáis lo quedan retenidos".

2ª CORINTIOS 5. 18 -21

"Y todo proviene de Dios, que nos reconcilio consigo por Cristo y nos confió el ministerio de la reconciliación. Porque en Cristo estaba Dios reconciliando al mundo consigo, no tomando en cuenta las transgresiones de los hombres, sino poniendo en nosotros la palabra de la reconciliación. Somos pues embajadores de Cristo, como si Dios exhortara por medio de nosotros. En nombre de Cristo os suplicamos, reconciliados con Dios. A quien no conoció el pecado, lo hizo pecado por nosotros, para que viniésemos a ser justicia de Dios en Él."

MARCOS. 1. 15

"El tiempo se ha cumplido y el Reino de Dios, está cerca, convertíos y creed en el Evangelio".

LUCAS 15. 18

"Me levantaré iré a mi padre y le diré: Padre peque contra el cielo y contra ti.
El pecado es pues, el rechazo libre y consiente del amor de Dios y de su voluntad, expresado en la desobediencia a Él."

GÁLATAS 5. 19-21

"Ahora bien, las obras de la carne son conocidas: fornicación, impureza, adulterio, libertinaje, idolatría, hechicería, odios, desidia, celos, iras, ambiciones, divisiones, rivalidades, borracheras, comilonas y cosas semejantes sobre las cuales os prevengo, que quienes hacen tales cosas no heredaran el Reino de los Cielos."

EFESIOS 5. 3-7

"La codicia, la fornicación, y toda impureza ni se mencionen entre vosotros, como conviene a los santos. Lo mismo que la grosería, las necedades que no están bien, sino más bien acciones de gracia. Porque tened entendido, que ninguno que cometa el pecado de fornicación, impureza o codicioso, participará en la herencia del Reino de Dios, que nadie os engañe con vanas razones, pues por eso viene la ira de Dios sobre los rebeldes, no tengáis parte con ellos"

MATEO 5. 24

"Deja tu ofrenda allí, delante del altar y vete primero a reconciliarte con tu hermano, luego vuelves y presenta tus ofrendas."

LA PALABRA DE DIOS PARA LA CATEQUESIS DEL SACRAMENTO DE LA CONFESIÓN, O RECONCILIACION

Confianza en la misericordia. Ezequiel 33. 11 Romanos 5. 8-9 y 7. 14-25
Hebreos 4. 16

Renovación del corazón. Ezequiel 11. 19-20

Arrepentimiento Lucas. 22. 54-62 y 1ª de Juan 1. 5-9

Perdonar a los demás. Mateo 6. 14-15 y 18. 21-35

Llamada a la conversión Isaías. 5. 1-11 Oseas 14. 2-10 Malaquías 3. 1-7
Marcos 1. 14-15 Mateo. 3. 1-12 4. 12-17 9. 9-13

Llamada al cambio. Romanos 12. 1-2

EL SACRAMENTO DE LA UNCIÓN DE LOS ENFERMOS

La Unción de los enfermos es el sacramento por el cual, mediante la unción con el óleo bendecido y la oración del sacerdote, se confiere al hombre enfermo la gracia de Dios para la salud sobrenatural de su alma y de su cuerpo. Se llama Unción porque a la persona se le unge con óleo sagrado. También lo pueden recibir los cristianos que empiezan a estar en peligro de muerte por vejez o por accidente.

El Señor Resucitado, envía a sus discípulos en su nombre, para que impongan las manos sobre los enfermos para que se pongan bien, y lo confirma con los signos que la iglesia realiza invocando su nombre. Estos signos manifiestan de una manera especial que Jesús es verdaderamente Dios que salva. 147

La enfermedad y el sufrimiento, se han contado siempre como uno de los problemas graves de la humanidad. En la enfermedad el hombre experimenta que es un ser muy limitado; lo puede conducir a la angustia, y a veces hasta la desesperación y a revelarse contra Dios

Puede también hacer a las personas más maduras, ayudarlas a discernir en su vida. Con mucha frecuencia, la enfermedad empuja a una búsqueda de Dios, un retorno a Él.
Otro testimonio de la Unción es la del apóstol Santiago "Si alguno de ustedes se enferma, haga llamar a los presbíteros de la Iglesia, y oren sobre él, ungiéndolo con óleo en el nombre del Señor, y la oración de la fe, salvará al enfermo, y el Señor lo aliviará y los pecados que ha cometido le serán perdonados 148
Con estas palabras el apóstol Santiago, pone de relieve la eficacia sacramental del rito, el perdón de los pecados y la salud corporal son producidos por un acto que en sí mismo no tendría eficacia ni para una ni para otra cosa, si Dios no la hubiera dado

Como todos los sacramentos, la Unción de los enfermos, tiene su signo externo en el óleo, que es aceite de oliva, bendecido por el Obispo, en la misa crismal del jueves santo.
La forma del sacramento son las siguientes palabras, pronunciadas por el sacerdote "Por esta santa Unción y por su bondadosa misericordia te ayude el Señor con la gracia del Espíritu Santo, para que, libre de tus pecados, te conceda la salvación y te conforte en tu enfermedad "

Los efectos que produce este sacramento son:

1- Aumento de la gracia santificante
2- Gracia sacramental especifica
3- Salud corporal, cuando conviene a la salvación del alma
4- El perdón de los pecados veniales
5- Puede producir el efecto de redimir los pecados mortales

147-Marcos 16. 17-18 Hechos 4. 12 9. 34 14. 3 Mateo 1. 21

148-Santiago 5. 14-15

La Unción de los enfermos no imprime carácter, y por lo tanto puede repetirse, cuantas veces sea necesaria

Es necesario para recibir este sacramento, estar bautizado, tener uso de razón, tener intención de recibirlo, y estar en peligro de muerte por enfermedad o vejez.

La compasión de Cristo hacia los enfermos y sus numerosas curaciones de dolientes de toda clase, **149**, son un signo maravilloso de que "Dios ha visitado a su pueblo, "**150** y que el Reino de Dios, está muy cerca, Jesús no tiene solamente poder para curar, sino también para perdonar los pecados, **151** vino a curar al hombre entero, alma y cuerpo; es el médico que los enfermos necesitan.

Como todo sacramento de vivos, la unción de enfermos produce un incremento en la gracia santificante en el alma del que los recibe, ha sido instituido para devolver al alma la gracia perdida. Su finalidad no es pues, perdonar los pecados mortales, para lo que ya está el sacramento de la penitencia, sin embargo sino es posible recibir la confesión y la persona está arrepentida, la Unción también perdona los pecados mortales.

149- Mateo 4. 24
150- Lucas 7. 17
151- Marcos 2. 5-12

LA PALABRA DE DIOS EN EL SACRAMENTO DE LA UNCION DE LOS ENFERMOS

ISAÍAS 61. 1-3

El Espíritu del Señor, está sobre mí, porque el Señor me ha ungido. Me ha enviado para dar la buena noticia a los que sufren, para vendar los corazones desgarrados, para proclamare la amnistía a los cautivos y a los prisioneros la libertad; para proclamar el año de gracia del Señor, el día del desquite de nuestro Dios; para consolar a los afligidos de Sion.

1º DE REYES 19. 4-9

En aquellos días caminó Elías por el desierto una jornada de camino, y al final se sentó bajo una retama y se deseó la muerte diciendo: Basta ya Señor, quítame la vida, pues yo no valgo más que mis padres.

Se echó debajo de la retama y se quedó dormido. De pronto un ángel lo toco y le dijo: Levántate, come. Miró Elías y vio a su cabecera un pan cocido en las brasas y una jarra de agua. Comió, bebió y volvió a echarse. Pero el ángel del Señor lo tocó por segunda vez diciendo: Levántate, come, que el camino es superior a tus fuerzas. Se levantó Elías, comió, y bebió y con la fuerza de aquel alimento caminó cuarenta días y cuarenta noches hasta Horeb, el monte de Dios.

LUCAS 4. 38-41

Él saliendo de la sinagoga, entró en casa de Simón. La suegra de Simón estaba con mucha fiebre y le rogaron por ella. Inclinandose sobre ella conminó a la fiebre; y la fiebre la dejó; ella levantándose se puso a servirles.

LUCAS 13. 11-13
Estaba un sábado enseñando en una sinagoga. Había allí una mujer a la que un espíritu tenia enferma hacia diez y ocho años, estaba encorvada y no podía por ningún modo enderezarse. Al verla Jesús la llamó y le dijo: mujer quedas libre de tu enfermedad. Y le impuso las manos. Al instante se enderezó y daba gloria a Dios.

LA PALABRA DE DIOS PARA LA CATEQUESIS DEL SACRAMENTO DE LA UNCIÓN DE LOS ENFERMOS.

Curación del criado Mateo 8. 5-11

Curación de la hemorroisa Marcos 5. 25-34

Curación de un leproso Mateo 8. 1-4

Curación del endemoniado epiléptico Marco 9. 14-29

EL SACRAMENTO DEL ORDEN SACERDOTAL.

Es el Sacramento, con el cual algunos hombres escogidos dentro de la comunidad se consagran como sacerdotes por medio de la imposición de manos y la oración consecratoria del Obispo.152
El orden es el sacramento gracias a la cual la misión confiada por Cristo a sus Apóstoles sigue siendo ejercida en la iglesia hasta el fin de los tiempos: es, pues, el sacramento del ministerio apostólico, que comprende tres grados Episcopado, Presbiterado y diaconado
Los obispos, en la consagración episcopal, tienen la función de gobernar y enseñar, hacen las veces del mismo Cristo, Maestro, Pastor y sacerdote y actúan en su nombre.
Los presbíteros (sacerdotes) En virtud del sacramento del orden, quedan consagrados como sacerdotes de la nueva alianza, a imagen de Cristo, Sumo y eterno sacerdote 153.
Los diáconos, son consagrados para realizar un servicio y no para ejercer un sacerdocio, asisten al obispo y a los presbíteros en las celebraciones, sobre todo en la Eucaristía, en la distribución de la misma, asistir a la celebración del matrimonio y bendecirlo, proclamar el evangelio y predicar, presidir las exequias, y entregarse al servicio de la caridad.

Todo bautizado participa del sacerdocio de Cristo, y está por lo tanto capacitado para colaborar en la misión de la iglesia. El sacramento del orden, imprime una especial configuración, el carácter indeleble como lo imprime el bautismo y la confirmación, que distingue esencialmente a quien lo recibe de los demás fieles, capacitándolos para funciones especiales, por eso se afirma que el sacerdote posee el sacerdocio ministerial, distinto del sacerdocio real o sacerdocio común a todos los fieles.

Hay un sacerdocio común a todos los fieles, que confieren el bautismo y la confirmación, y un sacerdocio ministerial, que solo tienen quienes reciben el sacramento del orden. 154.

El sacerdote actúa en la persona de Cristo Cabeza, es decir actúa en el nombre y con el poder de Cristo. La identidad del sacerdote no puede ser otra que la de Cristo; 155; todo esto significa que, si cada, fiel es otro Cristo, y Cristo mismo se identifica con los miembros de su Cuerpo Místico 156. Con mayor razón hay que afirmarlo del sacerdote, cuya consagración y misión son una específica identificación con Jesucristo a quien representa

Consta expresamente en la Sagrada Escritura que Cristo, hizo de los apóstoles una elección especial "subió al monte y llamó a los que quiso, vinieron a Él, y designó a doce para que le acompañarán y para enviarlos a predicar 157. " no me han elegido ustedes a mí, sino que yo los elegí. 158. Al elegirlos, les confió una misión y les dio poder de perdonar los pecados 159, poder para administrar los demás sacramentos y de predicar la palabra de Dios 160, poder sobre el Cuerpo Real de Cristo.161 Este es el principal poder que reciben Los presbíteros, pues el sacerdocio se ordena primariamente al sacrificio Eucarístico.

Estos poderes fueron dados por el Señor a sus apóstoles con una finalidad: continuar su misión redentora hasta el fin de los siglos, **162**, razón por la cual Cristo les mandó a que los transmitieran y así lo entendieron y practicaron desde el principio

152- Hebreos 5. 1 Hechos 6. 6-7 14. 23 2aTimoteo 1. 6
153- Hebreos 5. 1-10
154 Lumen Gentium Nos 31-38
155- 1aCorintios 4- 1
156- Hechos 9. 4-5
157- Marcos 3. 13-15
158- Juan 15. 16
159- Juan 20. 23 Mateo 16. 19 18. 18
160- Mateo 28. 19-20
161- Lucas 22. 19 1ªCorintios 11. 23-25
162- Mateo 28. 20 y Juan 17 18

La materia del sacramento del orden es la imposición de manos, que comunica una potestad espiritual que viene de Dios, pero que es participada por quien lo confiere: por eso la fuerza de la materia está en el ministro y no en el elemento material.

La forma es la oración consecratoria, que son las palabras de la oración que el obispo dice, después de que el ordenado ha recibido al imposición de manos.

Por la ordenación sagrada, el sacerdote es constituido ministro de Dios y dispensador de los tesoros divinos. Con este sacramento se recibe una serie de efectos sobrenaturales que le ayudan a cumplir su misión, siendo los principales:

1- Carácter indeleble
2- La potestad espiritual
3- Aumento de la gracia santificante
4- La concesión de la gracia sacramental

Este sacramento imprime carácter indeleble, distinto al del bautismo y al de la confirmación, que constituye al que lo recibe en sacerdote para siempre 163. Siendo así ministro de la palabra, ministro de los sacramentos y ministro del pueblo de Dios.

Igual que los demás sacramentos de vivos, el sacramento del orden aumenta la gracia santificante y otorga a demás la gracia sacramental, es decir, la ayuda sobrenatural necesaria para poder ejercer debidamente las funciones correspondientes al grado recibido
Como condición para recibir el sacramento del orden, es haber recibido válidamente el bautismo, si el bautismo no se recibió válidamente, lo ordenación es invalida.

Sobre la cuestión de la admisión de las mujeres al sacerdocio ministerial, la iglesia siempre ha enseñado que Jesucristo quiso que quienes habían de ejercer visiblemente el oficio sacerdotal en su nombre fueran hombres.

163- Hebreos 5. 5-6

Él eligió a los apóstoles sólo entre los discípulos hombres, aunque también las mujeres le seguían, aun mostrando que eran más fieles, y más fuertes que los hombres.
Ni los apóstoles que al salir del mundo hebreo para entrar en el griego se encontraron con la existencia de sacerdotisas en algunos cultos paganos. Ni tampoco sus sucesores administraron el sacramento del orden a las mujeres.

La criatura más excelsa ha sido la Santísima Virgen, la madre de Dios, que no recibió el sacerdocio ministerial

El celibato es en verdad, un don de Dios, dado por Él, gratuitamente y aceptado libremente por el hombre, también se prescribe para los diáconos que llegarán al sacerdocio, los diáconos casados una vez muerta su esposa no podrán contraer de nuevo matrimonio.

LA PALABRA DE DIOS EN EL SACRAMENTO DEL ORDEN SACERDOTAL

1ª CARTA DE SAN PEDRO 5. 1-4
Queridos hermanos: A los presbíteros en esa comunidad, yo, presbítero como ellos, testigo de los sufrimientos de Cristo, y partícipe de la gloria que va a manifestarse, os exhorto: Sed pastores del rebaño de Dios que tiene a vuestro cargo, gobernándolo no a la fuerza, sino de buena gana, como Dios quiere; no por sórdida ganancia, sino con generosidad; no como déspotas sobre la heredad de Dios; sino convirtiéndose en modelos del rebaño. Y cuando aparezca el Sumo Pastor, recibirán la corona de gloria que no se marchita

DEUTERÓNOMIO 18. 1-8
Los sacerdotes levitas, toda la tribu de Leví, no tendrán parte ni heredad en Israel: comerán de los manjares ofrecidos a Yahvé y de su heredad. No tendrá heredad entre sus hermanos; Yahvé es su heredad como él le dijo. Éste será el derecho de los sacerdotes sobre el pueblo, sobre aquellos que ofrezcan un sacrificio, de ganado mayor o de ganado menor; se dará al sacerdote la espaldilla, las quijadas y el cuajar. Le darás las primicias de tu trigo, de tu mosto, y de tu aceite. Porque a él le ha elegido Yahvé tu Dios, entre todas las tribus para ejercer su ministerio en el nombre de Yahvé.

CARTA A TITO 1. 5-9
El motivo de haberte dejado en Creta, fue para que acabaras de organizar lo que faltaba y establecieras presbíteros, en cada ciudad, como ya te ordené. El candidato debe ser irreprochable casado una sola vez, cuyos hijos sean creyentes, no tachados de libertinaje ni rebeldía

LA PALABRA DE DIOS PARA LA CATEQUESIS DEL SACRAMENTO DEL ORDEN

A donde yo te envié tú irás Jeremías 1. 49

Función del ministerio de Cristo Efesios 4. 1-7-11-13

Ya no los llamo siervos los llamo amigos Juan 15. 9-17

El buen pastor Juan 10. 11-16

EL SACRAMENTO DEL MATRIMONIO

Al mirar a la mujer que Dios le había dado por compañera, Adán, comprende que han sido llamados a formar una unidad, exclusiva y duradera: "Dejará el hombre a su padre y a su madre y se unirá a su mujer y vendrán a ser los dos una sola carne "164.
Esta inseparable comunidad de vida a la que Dios los destina, se basa en la entrega personal del uno al otro, y encuentra su consumación sensible en la unión de los cuerpos.

Desde el inicio de los tiempos, cuando Dios creó a la primera pareja, les dio un ordenamiento que hizo de su misión una institución natural dotada de vínculo permanente a la que nadie puede separar.

Para los bautizados el matrimonio es, al mismo tiempo un sacramento que significa la unión de Cristo con la Iglesia 165, ya que la ley que lo modela es el amor de Cristo a su iglesia que le hizo entregarse para santificarla y tenerla para Sí, gloriosa, sin mancha, santa e inmaculada 166

El matrimonio en su definición real, es la unión marital de un hombre y una mujer, entre personas legítimas, para formar una comunidad indivisa de vida.
Unión significa tanto el consentimiento interior como el exterior por el cual se contrae matrimonio, como el vínculo permanente que nace de ese consentimiento
Marital: la finalidad de esa unión es una legitima vida marital, entregando y recibiendo el derecho mutuo a la unión física de por si apta para engendrar hijos.

De un hombre y de una mujer entre personas legítimas: se excluye así la poligamia (unión de un hombre con varias mujeres) y la poliandria (la unión de una mujer con varios hombres); por ley natural, o por ley positiva, no todas las personas pueden contraer matrimonio, o bien no lo pueden contraer con determinada persona.
Para formar una comunidad indivisa de vida: el matrimonio es indisoluble, y exige que así lo sea también la unión de vida que origina

El matrimonio no es, por tanto, un invento del hombre, la institución matrimonial forma parte, desde el momento mismo de la creación del hombre, de los planes divinos.
De esa institución del matrimonio por parte de Dios, tenemos también testimonios directos en el Nuevo Testamento. Uno de ellos tiene especial interés, pues Jesucristo atribuye al mismo Dios, las palabra que figuran en el Génesis: "No han oído que al principio el Creador los hizo hombre y mujer "por eso el hombre dejará a su padre y a su madre y se unirá a la mujer, y serán los dos una sola carne 167.

164- Génesis 2. 24
165- Efesios 5. 32
166- Efesios 5. 25-27
167- Mateo 19. 3-6

La revelación de Dios es clara respecto a este principio de orden natural, y nos permite delimitar los fines del matrimonio. En el Génesis, después de narrarse la creación del hombre y de la mujer, se manifiesta la finalidad "Creced y multiplicados y llenad la tierra "Ha este fin se añadirán otros, también de importancia, como también la ayuda mutua entre los esposos. " No está bien que el hombre esté solo: hagámosle una compañera semejante al él **168.**

El amor matrimonial, reflejo del amor creador de Dios, es fecundo, ya que por medio de los esposos cristianos se enriquece y aumenta la iglesia: "El matrimonio y el amor conyugal están ordenados por su propia naturaleza a la procreación y educación de la prole. Los hijos son, sin duda, el don más excelente del matrimonio, y contribuyen sobre manera al bien de los propios padres" **169.**
Por tratarse de un sacramento, solo a la iglesia corresponde juzgar y determinar todo aquello que se refiere a la esencia del matrimonio cristiano. La razón es que, el contrato matrimonial entre cristianos es inseparable del sacramento, y sólo la iglesia tiene poder sobre los sacramentos.

Si Cristo elevó el matrimonio a la dignidad de sacramento, podemos afirmar que es también una vocación cristiana y, para los esposos camino de santidad. Por la fe conocen el sentido sobrenatural de su unión, viendo en ella la voluntad de Dios y, por tanto, aceptan los hijos que el Señor le envié, procurando educarlos humana y cristianamente, y se ayudan entre sí para formar una familia cristiana que contribuya positivamente al bien de la iglesia y de la sociedad

El legítimo contrato matrimonial es, a la vez, materia y la forma del sacramento del matrimonio, pues en el momento mismo en que se establece este contrato entre bautizados, se produce el sacramento sin que sea necesaria otra condición
El efecto propio del matrimonio, en cuanta institución natural, es el vínculo entre los cónyuges, con sus propiedades esenciales de unidad e indisolubilidad.

El sacramento del matrimonio produce efectos sobrenaturales.

1- Aumento de la gracia santificante
2- La gracia sacramental especifica

En consecuencia el matrimonio no es un contrato cualquiera, es un pacto de índole sagrado, que compromete íntegramente entre sí a dos personas, hombre y mujer y por eso se llama alianza. Y por eso debe contraerse libre y voluntariamente sin ser coaccionados.
Compromete no solo el presente, sino el futuro, de los esposos.

168- Génesis 2. 18
169- Gadium et spes No 50

LA PALABRA DE DIOS EN EL SACRAMENTO DEL MATRIMONIO

GÉNESIS 2 18-24

"Dijo luego Dios, no es bueno que el hombre esté sólo, voy hacerle una ayuda adecuada, entonces Dios hizo caer un profundo sueño sobre el hombre, que se durmió. Y le quitó una de la costillas, rellenando el vació con carne, de la costilla que había tomado del hombre formó una mujer, y la llevó ante el hombre. Entonces este exclamó. Esta vez sí que es hueso de mis huesos, y carne de mi carne, porque del varón ha sido tomada. Por eso deja el hombre a su padre y a su madre y se une a su mujer, y se hacen una sola carne".

EFESIOS 5. 25-27

"Maridos, amad a vuestras mujeres, como Cristo amó a la Iglesia y se entregó por ella, así deben amar los maridos a sus mujeres como a sus propios cuerpos. El que ama a su mujer se ama así mismo".

MATEO 19. 3-6

"Se le acercaron unos fariseos para ponerlo a prueba. Le dijeron ¿Puede uno repudiar a su mujer por un motivo cualquiera? El respondió: ¿no habéis leído que el Creador, desde el comienzo los hijos hombre y mujer, y que dijo: Por esos dejara el hombre a padre y a su madre y se unirá a su mujer, de manera que ya no son dos, sino una sola carne? Pues bien, Lo que Dios unió que no lo separe el hombre".

LA ADMISÍON A LOS SACRAMENTOS DE PERSONAS EN SITUACION MATRIMONIAL IRREGULAR

Son cada vez más numerosos los casos de personas católicas que viven en situación matrimonial irregular. En especial, va siendo más frecuente el caso de los que, habiéndose divorciado, contraen civilmente un nuevo matrimonio.
Algunos de estos católicos han permanecido por mucho tiempo en esta situación, y se replantean su vida cristiana, con el deseo de recibir los sacramentos de la penitencia y la Eucaristía.
Ante estas lamentables situaciones no han faltado quienes proponen y pone en práctica soluciones incompatibles con la doctrina cristiana.

La doctrina de la iglesia es clara al respecto: nos enseña que para recibir válidamente el sacramento de la penitencia es necesario, además de la confesión de los pecados y de la satisfacción, la contrición, que incluye el propósito de enmienda
Por tanto, quien no tiene propósito de enmienda, no tiene verdadera contrición y, consecuentemente, no puede recibir válidamente la absolución sacramental.

Para recibir la Eucaristía es necesario el estado de gracia, pues, "quien come el pan o bebe el cáliz del Señor indignamente come y bebe su propia condenación

Si el primer matrimonio ha sido válido y viven los cónyuges, no es posible legitimar la segunda unión civil de uno de los esposos, celebrando el matrimonio canónico.
Por tanto no es legítima la unión matrimonial pues constituye un adulterio, y en consecuencia, para un católico en esas circunstancias, no es posible recibir la absolución en el sacramento de la penitencia, ni recibir la Eucaristía.

Las uniones libres, y los católicos casados sólo civilmente, mientras permanezcan en esta situación no pueden recibir los sacramentos por estar en estado habitual de pecado grave.

Al mismo tiempo no debe olvidarse que hay obligación de ayudar a los divorciados y los que están en situación matrimonial irregular, con gran caridad, para que no se consideren separados de la iglesia y participen de su vida. Pueden por ejemplo escuchar la Palabra de Dios, ir a misa, rezar, hacer obras de caridad

LA PALABRA DE DIOS PARA LA CATEQUESIS DEL SACRAMENTO DEL MATRIMONIO

Hombre y mujer los creo Génesis 1. **26-28, 31**

En Caná de Galilea Jesús comenzó sus signos Juan 2. **1-11**

Los dos juntos vivamos felices hasta nuestra vejez Tobías 8. **5-10**

El amor es fuerte como la muerte Cantar de los cantares 2. **8-10, 14,**

SEGUNDA PARTE

LA PALABRA DE DIOS EN LA ORACIÓN

Quien cree sinceramente en Dios se comunica con Él. La oración es la expresión de la fe, su aliento. Por eso, cuando la fe entre en crisis, entra también en crisis la oración. Y cuando la oración enmudece en una sociedad o en una persona, es señal que la vida religiosa se está apagando
Sin duda, son muchas las personas que oran, y oran de verdad. La crisis religiosa, lejos de arruinar la oración, la ha purificado, despertando un deseo sincero de Dios. No es difícil, sin embargo, detectar entre nosotros una grave crisis de oración, no solo en quienes se ha alejado de la práctica religiosa, sino en el conjunto del pueblo cristiano, ya que para algunos, Dios se ha convertido en algo demasiado irreal para llamarlo Padre; no es fácil invocar con confianza a un ser lejano y difuso al que se considera ajeno e indiferente a nuestros problemas y sufrimientos.

El hecho es que, por diversos motivos y desde experiencias diferentes, no son pocos los que han eliminado de su vida la oración o la han reducido a algo insignificante.

También en otras épocas ha tenido la oración sus crisis y dificultades. Nunca ha sido fácil relacionarse con ese Dios oculto cuyo rostro no se ve. Dios es invisible, y nosotros queremos ver y comprobar; Dios es incomprensible, y nosotros queremos captar y comprender.

La oración ocupa un lugar central en toda religión. Ella es la primera manifestación de la actitud religiosa, la respuesta que despierta en la persona la presencia del Misterio. Por eso está tan arraigada en el corazón humano. En todas las religiones se ora a Dios

La oración, de un modo especifico la cristiana, es decir la oración que Jesús nos enseñó y que la iglesia sigue enseñándonos. De hecho, es en Jesús en quien el hombre se hace capaz de unirse a Dios con profundidad y la intimidad de la relación de paternidad. Por eso, juntamente con los primeros discípulos, nos dirigimos con humilde confianza al Maestro y le pedimos "Señor enséñanos a orar "170.

Los cristianos oramos siempre el nombre de Jesús. No nos dirigimos hacia Dios a solas. No buscamos un acceso directo hasta Él. Nuestro camino pasa siembre por Jesús, el Hijo, en el que Dios se nos ha revelado como Padre bueno y cercano. Nuestra primera tarea es aprender a rezar en el nombre de Jesús
Orar en nombre de Jesús es, antes que nada orar como sus discípulos. La oración cristiana nace del seguimiento fiel a Jesús. El cristiano no ora a Dios de cualquier manera, siguiendo arbitrariamente sus impulsos. Su modelo para dirigirse a Dios e Jesús. Por eso, se esfuerza

por orar según el espíritu y el estilo de Jesús, animado por los mismos sentimientos y la misma actitud de Jesús ante el Padre.
La oración en nombre de Jesús es una oración suscitada, movida y animada por el Espíritu Santo que habita en nosotros. Cada uno podemos decir lo mismo que san Pablo: Ya no vivo yo, es Jesús quien vive en mí 171

170- Lucas 11. 1
171- Gálatas 2. 20

Jesús es quien alienta y sostiene nuestra oración. "Si permanecéis en mí y mis palabras permanece en vosotros, pedid lo que queráis, y lo conseguiréis. Como el Padre me amó, yo también os he amado, permaneced en mi amor "172. En cualquier situación, en el momento de la súplica o del agradecimiento, a la hora de pedir perdón, o de alabar a Dios, nuestra oración nace de nuestra comunión con Jesús.

La fuente de la oración es ese Jesús a quien amamos sin haberle visto, y en quien creemos aunque de momento no lo veamos 173.
Precisamente por esto, orar en nombre de Jesús es orar como miembros de su cuerpo que es la iglesia. Esta es la promesa de Jesús: "Yo os aseguro que dos de vosotros se ponen de acuerdo en la tierra para pedir algo, sea lo que fuere, lo conseguirán de mi Padre que está en los cielos. Porque donde están dos o tres reunidos en mi nombre, allí estoy en medio de ellos "174.
Los cristianos oramos siempre en comunión con todos los que viven animados por el Espíritu de Jesús. Incluso, la oración más personal que hacemos a solas, ante el Padre que está en lo secreto 175, es una oración que llega hasta el Padre por medio de Jesús y, por lo mismo, una oración unida a cuantos forman su Cuerpo. Por eso, un cristiano no puede orar si no es abriéndose fraternalmente a los demás.

La oración en nombre de Jesús exige abrirse al perdón y a la reconciliación: "Cuando os pongáis a orar perdonad si tenéis algo contra alguno, para que también vuestro Padre que está en los cielos perdone vuestras ofensas "176.
Jesús pues, nuestro único Mediador ante el Padre. Él es el gran orante. Resucitado, está siempre vivo intercediendo por toda la humanidad 177.

En medio de nuestra mediocridad y a pesar de nuestra fe débil y pequeña, sabemos que tenemos a uno que intercede por nosotros ante el Padre, Jesús el Justo 178. Por eso, la oración en nombre de Jesús es una oración universal, abierta a todos los hombres y mujeres del mundo, incluso a los que podemos sentir como enemigos.

Orar pues, teniendo como horizonte a un Dios, Padre es invocarle siempre con confianza filial, Jesús siempre se dirigió a Dios llamándolo Abba Padre, y, fieles a ese espíritu, también nosotros sintiéndonos hijos en el Hijo, nos atrevemos a decir lo mismo. Nos lo recuerda San Pablo: "Mirad, no habéis recibido un espíritu que os haga esclavos para recaer en el temor; habéis recibo un Espíritu que os hace hijos y que nos permite gritar Abba Padre." Ese mismo Espíritu le asegura a nuestro espíritu que somos hijos de Dios 179.

Por eso, el cristiano no reza a un Dios lejano al que hay que decirle muchas palabras para informarle o convencerle. Ya el Padre sabe lo que necesitamos antes de pedírselo 180. "Si vosotros, siendo malos, sabéis dar cosas buenas a vuestros hijos, cuánto más vuestro Padre del cielo dará cosas buenas a los que se las pidan 181

172- Juan 15 7-9
173- 1ª Pedro 1-8
174- Mateo 18 19-20
175- Mateo 6. 6
176- Mateo 11. 25
177- Hebreos 7. 25
178- 1ª Juan 2. 1
179- Romanos 8. 15-16
180- Mateo 6. 8
181- Mateo 7. 11

La oración nunca es fácil, pero siempre es sencilla. Basta invocar a Dios sinceramente, con el corazón, confiar en su amor misericordioso porque él se "Revela, no tanto a los sabios y entendidos, sino a la gente sencilla 182
Orar a Dios Padre nos hace más responsables e nuestra vida. No rezamos a Dios para que nos resuelva nuestros problemas. Oramos para fortalecer nuestra condición siempre débil, y para disponernos mejor a cumplir la voluntad del Padre 183.

No se trata de seducir a Dios, y convencerle para que cambie y cumpla nuestros deseos. Si oramos es precisamente para cambiar nosotros escuchando los deseos de Dios. No le pedimos que cambie su voluntad para hacer la nuestra. Pedimos que se haga su voluntad que es, en definitiva, nuestro verdadero bien. "Como oraba Jesús Padre no se haga mi voluntad sino la tuya 184

Movidos por el espíritu de fidelidad al Padre, el discípulo de Jesús se abre al amor universal. No es posible invocar a Dios como Padre sin sentirnos hermanos de todos, así lo quería Jesús "Amad a vuestros enemigos y rogad por los que os persiguen, para que seáis hijos de vuestro Padre del cielo, que hace salir su sol sobre malos y buenos y hace llover sobre justos e injustos 185.

La oración no es un logro humano. Antes que nada es una gracia, un don. La iniciativa es de Dios. El mueve nuestros corazones. Su Espíritu alienta toda la oración. Solo podemos orar movidos por su Espíritu que habita en cada uno de nosotros. Podemos estar atentos a su presencia o no prestarle atención alguna, podemos libremente acoger su acción o rechazarla, pero el Espíritu de Dios está siempre ahí, como dador de vida en cada persona. El amor que Dios nos tiene inunda nuestros corazones por el Espíritu Santo que nos ha sido dado 186.

Para orar bien debemos de escuchar dentro de nosotros mismos al Espíritu de Jesús orando al Padre: "Dios envió a vuestro interior el Espíritu de su Hijo, que grita Abba, Padre 187.

La oración no es tanto cuestión de conocimiento y técnicas como de escucha y de atención interior a este Espíritu que nos atrae hacia Dios. Esto es lo primero que debemos aprender: "Orad movidos por el Espíritu Santo y manteneos así en el amor de Dios "188.

182- Mateo 11. 25
183- Mateo 26. 41
184- Lucas 22. 42
185- Mateo 5. 44-45
186- Romanos 8 26
187- Gálatas 4 6
188- Judas 20. 21

Muchas veces caemos en la rutina, nos hace falta experiencia. No sabemos qué hacer para orar como conviene. Es el Espíritu Santo el que nos puede orientar y transformar nuestra oración. El Espíritu acude en auxilio nuestro, no sabemos a ciencia cierta, lo que debemos pedir, pero el Espíritu en persona intercede por nosotros con gemidos, sin palabras 189. Él nos ayuda a descubrir que Dios está en nosotros. Gracias al Espíritu que nos dio, conocemos que Dios está con nosotros 190. Él nos enseña poco a poco la verdad de Dios. Nos permite acoger e interiorizar su Palabra. "El Espíritu de la verdad os irá guiando en la verdad toda" 191.

Lo que verdaderamente da vida a la oración no es la búsqueda de nuevos métodos y caminos. Todo ello es importante si nos ayuda a orar en Espíritu y verdad 192. Solo la oración en Espíritu y verdad nos va haciendo cristianos. Hace crecer en nosotros los frutos del Espíritu: Amor, alegría, paz, tolerancia, agrado generosidad, lealtad sencillez 193. Por eso lo primero que debemos pedir a Dios es el Espíritu Santo 194. Él transformará nuestra oración.
El cristiano no reza a cualquier divinidad. Eleva su corazón a Dios Padre que quiere hacer reinar entre los hombres su amor y su justicia, buscando como última realidad el Reinado de Dios entre los hombres y mujeres. "Ya sabe vuestro Padre del cielo lo que tenéis necesidad de todo eso. Buscad primero su Reino y su justicia y todas esas cosas se os darán por añadidura "195.

El Dios de Jesús, es el Dios de los pobres, el defensor de los desvalidos, el que se ha encarnado en Él, para buscar y salvar lo que estaba perdido 196.

No cualquier contemplación es cristiana. No cualquier búsqueda de Dios es fiel a Jesús, sino aquella en la que se busca a Dios para bendecirlo porque revela su Reino a los pequeños 197, se busca la voluntad de Dios sobre el Reino, se da gracias por su crecimiento, se pide perdón. En el centro de esta oración está siempre el Dios de los pobres. En su interior resuena siempre la llamada de Jesús a encontrarlo entre ellos 198.
La oración del creyente, brota de la misma vida. Su contenido es la misma existencia vivida día a día. No hay que hacer grandes cosas, para dirigirnos a Dios. Basta presentarnos ante Él, con todo nuestro ser. Todo lo que es parte de nuestra vida puede ser el punto de

partida de una oración de súplica, de acción de gracias, alabanza, queja o petición de perdón.

No nos bastamos a nosotros mismos y buscamos la ayuda de alguien que nos pueda responder. Pero el hombre no necesita solo de soluciones para sus diversos problemas. En el fondo de su ser y detrás de esa necesidad se abre al vacío que nada ni nadie puede llenar. El hombre necesita salvación. Es entonces cuando el grito humano se hace súplica a Dios: "Desde lo hondo a ti grito, Señor: Señor escucha mi voz 199. El creyente no hace de esta oración un instrumento mágico, para ir satisfaciendo sus necesidades de forma más fácil. Su oración es expresión de su confianza total en Dios, como último Salvador. "El Señor es mi fuerza y mi energía, Él es mi salvación 200.

189- Romanos 8 26
190- 1ª Juan 3 24
191- Juan 16. 13
192- Juan 4. 23
193- Gálatas 5. 22
194- Lucas 11 13
195- Mateo 6 32-33
196- Lucas 19 10
197- Mateo 11 25
198- Mateo 25 40
199- Salmo 130-129 1
200- Salmo 118-117 14

Poco a poco, su oración se hace confianza y comunión con Dios. Sus peticiones no se centran tanto en las cosas que necesita cuanto en ese Dios que acompaña siempre.
Su corazón tiende hacia Dios, por sí mismo y busca, en medio de las necesidades, su presencia callada y amistosa. Pedimos a Dios lo que necesitamos, pero nuestra oración es dejar hacer a Dios, en cuyas manos está la salvación.

La vida no es solo necesidad. Es también gozo, expansión y disfrute. Ese sentimiento indefinible que es la alegría de vivir no se cierra sobre sí mismo. El ser humano necesita decir y agradecer su alegría a alguien y ese alguien es Dios fuente y origen de todo bien: "Tu eres mi Dios. Te doy gracias 201. No es solo la acción de gracias, el creyente percibe que todo es gracia, todo es recibido. De su corazón brota la alabanza a Dios, en reconocimiento de su grandeza y de su bondad salvadora: "Dios mío, qué grande eres" 202. Alabaré al Señor mientras viva 203.

La vida es muchas veces sufrimiento y dolor. El ser humano se siente desgarrado por la enfermedad, la desgracia o las injusticias. Nuestro anhelo de felicidad queda roto en mil pedazos por los sufrimientos. Nace entonces de nuestro interior la queja ¿por qué a mí? El creyente se queja a Dios "Por qué te quedas lejos, Señor y te escondes en las horas de angustia" 204. "Hasta cuándo he de quedar con el corazón apenado todo el día 205. Si la queja se dirige hasta Dios, que es solo Amor, el creyente va descubriendo que no es Dios el que envía aquel mal o quiere nuestro daño. Él quiere siempre nuestro bien a pesar y a partir de nuestros inevitables sufrimientos; en ellos y por ellos, Dios nos ofrece la posibilidad de conseguir bienes más importantes y valiosos.

La queja se transforma entonces en confianza "Tu Señor, estás cerca" 206, "Yo soy pobre y desgraciado, pero el Señor cuida de mí 207

El ser humano se siente con frecuencia culpable. Es inútil ignorarlo. La vida es también culpabilidad, contradicción interior, descontento de sí mismo, temor e indignidad, reproche necesidad de ser diferente. La persona puede entonces huir de sí misma, paro también escuchar el anhelo más hondo de su ser y buscar el perdón y la reconciliación. Es lo que hace el creyente cuando invoca la misericordia de Dios: "Por tu inmensa compasión borra mi culpa "208. No es sólo pedir perdón por los pecados concretos. La persona sabe que necesita vivir constantemente del perdón de Dios. Este apoyarse en la misericordia de Dios no es una sutil huida de sí mismo y de su responsabilidad, sino el mejor modo de enfrentarse a ella. "Tu misericordia Señor me sostiene "209. " Oh Dios crea en mí un corazón puro "210.

201- Salmo 118-117 28
202- Salmo 104-103 1
203- Salmo 146-145 2
204- Salmo 10-09b 1
205- Salmo 13-12 3
206- Salmo 119-118 151
207- Salmo 40-39 18
208- Salmo 51-50 30
209- Salmo 94-93 18
210- Salmo 51-50 12

El ser humano percibe de muchas maneras su inconsistencia y duración. La muerte siempre presente en el interior de la vida, no es sino el recuerdo permanente de nuestra cesación. La persona puede vivir distraída, ocupando su conciencia con toda clase de impresiones, actividades o información. Pero no logra acallar del todo los interrogantes más hondos del ser humano; ¿Quién soy yo? ¿Qué era antes de nacer? ¿Qué me espera? Puedo entonces caer en la desesperación del escepticismo o en la resignación del realismo.

El creyente desde su cesación radical, se abre confiadamente al misterio de Dios. Su corazón se postra ante el Dios Santo, no como ante una fuerza exterior a sí mismo, sino como ante el Creador que lo reafirma en su propio ser. Al adorar a Dios se siente sostenido y al mismo tiempo proclama "Desde siempre y por siempre tu eres Dios" 211, de su corazón brota confianza: "El Señor sostiene mi vida" 212.

211- Salmo 90-89 2
212- Salmo 54-53 6

Pocas cosas se alejan tanto de la verdadera oración como esas torpes plegarias al Espíritu Santo o a la Virgen, que publicadas en la prensa o repetirlas un determinado número de veces, pretenden asegurar de manera casi automática toda clase de favores o milagros. Pero hay modos más tenues de manipular la oración, negociando con Dios, la obtención de un favor o buscando en ella un ejercicio para asegurar el equilibrio emocional o psíquico.
La oración no es un recurso para resolver problemas, ni un remedio para fines terapéuticos. La oración es eficaz no porque logra que se cumplan nuestros deseos, sino porque nos hace más humanos y más cristianos. El encuentro con Dios abre nuestro corazón a la escucha sincera de su Palabra. Nos centra en Él. Nos libera de ese egoísmo desordenado que nos lleva a acaparar las cosas y las personas para someterlas a nuestro propio yo como a su destino último.
Nos ayuda a vivir en la verdad manteniendo una actitud lúcida y vigilante en un entorno a veces superficial y frívolo. Nos permite integrar la vida desde la esperanza. La eficacia de la oración se concreta sobre todo, en nuestra conversión.
Por eso, debemos de entender bien el sentido de la oración de petición. Nuestras súplicas concretas expresan nuestra necesidad de salvación y nuestra confianza radical en Dios.

Pero no le rezamos para que nos ame más y se preocupe con más atención de nosotros o de las personas por las que le pedimos. Dios no puede amarnos más de la que nos ama. Si oramos es para dejarnos transformar por su gracia y su voluntad salvadora.
No es Dios el que tiene que cambiar, sino nosotros. Por eso, no le pedimos una ayuda que supla nuestra actuación. No buscamos que nos sustituya en la solución de nuestros problemas. Lo que pedimos es saber actuar y vivir desde su gracia, su bondad y verdad. Por eso, el verdadero orante experimenta la cercanía amistosa de Dios de muchas maneras, independiente de cómo se resuelvan los problemas.

Debemos entender bien la confianza en la Providencia. El cristiano cree en el amor providente de Dios. El Padre no abandona ni se desentiende de aquellos a quienes crea, sino que sostiene su vida con amor fiel, vigilante y creador.

No estamos a merced del azar o la fatalidad, sino sostenidos por el amor del Padre que quiere y busca nuestro bien. Así nos exhorta san Pedro: "Descargad en Dios todo agobio, que a Él le interesa vuestro bien "213
Pero esto no significa que Dios intervenga en nuestra vida como intervienen otras personas o factores. Dios no es uno más. Es el Creador del que nos está llegando el ser y la gracia para que orientemos nuestra existencia hacia el bien.

213- 1ª Pedro 5 7

Con esa acción Dios no se entromete en nuestra vida forzando los acontecimientos o eliminando nuestra libertad, sino que respeta nuestras decisiones y la marcha del mundo.

Por otra parte, si bien podemos cada uno captar signos del amor providente de Dios en experiencias concretas, su acción permanece siempre inescrutable. Lo que a nosotros hoy nos parece malo, puede ser mañana fuente de bien. Nosotros no somos capaces de abarcar la totalidad de la existencia; se nos escapa el sentido final de las cosas; no podemos comprender el menor acontecimiento en sus últimas consecuencias. Todo queda bajo el signo del amor de Dios que no olvida a ninguna de sus criaturas. Él es el dueño de la vida y el Señor del universo y sus leyes" En Él vivimos, nos movemos y existimos 214.

Aunque a nosotros nos resulten inescrutables, Él siempre encuentra caminos para atender las peticiones de sus hijos e hijas, orientándolo todo hacia el bien concreto y real de cada uno.

Comencemos por decir que no oramos para cumplir una obligación entre otras. Nuestra oración es expresión y fuente de vida cristiana. Nace de la vida y nos conduce a ella. Es falso oponer oración y vida como si la oración no perteneciera a la vida. Al contrario, la oración es uno de los momentos fuertes de nuestra vida, un momento culminante de nuestra acción, porque desde la oración alentamos y sostenemos nuestro vivir. El encuentro sincero con Dios centra nuestra vida en lo único necesario liberándonos del egoísmo y del poder acaparador de las cosas.

Al mismo tiempo, suscita en nosotros energías que difícilmente se despertarían si todo se redujera a lo limitado. Por otra parte, nos permite descubrir las raíces profundas de los conflictos y del sufrimiento humano, y nos impide contentarnos con cualquier componenda o justificación evasiva.

Al abrirnos al amor del Padre encontramos en Él mejor fundamento para reconocer, amar y servir a los hermanos. Se entiende bien la exhortación de san Pablo "Vivid perseverantes en la oración, compartiendo las necesidades de los santos, practicando la acogida 215.

El que de verdad se comunica con Dios nunca es un yo aislado. No puede encontrarse con Dios Padre sin encontrar en él la razón, la fuerza y el fundamento de la fraternidad humana. El aislamiento, la despreocupación de los demás, la competitividad como forma de vida, la indiferencia al dolor humano, hacen imposible la verdadera oración. Por eso la prueba de toda oración es el amor.

214- Hechos 17 28
215- Romanos 12 12-13

La mejor oración es aquella que nos hace amar más. Es impensable el encuentro con el Amor sin que genere una vida de amor. Aunque crea hacer mucha oración, quien no ama no ha conocido a Dios, porque Dios es Amor 216.

La oración necesita es espacio de la vida entera para expresarse como amor. No se ama a ratos y de manera intermitente. Se ama en la oración y en la vida.

Lo primero es no confundir a Dios con cualquier cosa. Dios escapa a toda verificación y experiencia inmediata. Nunca entramos en contacto directo con Él, sino con nuestras mediaciones. Por ello, no hemos de confundirlo con la representación, símbolos o ritos creados por los humanos. Tampoco debemos de identificarlo con nuestros sentimientos y experiencias.

A Dios se le busca con humildad, sabiendo que en la oración es Él el que tiene la iniciativa del encuentro. Iniciativa que exige renunciar a toda actitud en que los importantes seamos nosotros, nuestros deseos y necesidades. Dios no se deja manejar a su antojo. Es una equivocación alimentar la fantasía de un Dios que está ahí, siempre a mano, como un seguro fácil que protege de la dureza y contingencias de la vida. No es así. Un Dios evidente y obvio, confundido con nuestros propios sentimientos y sometido a nuestras necesidades es una ilusión. La actitud del verdadero orante es otra: "Tu rostro buscaré, Señor, no me escondas tu rostro 217. " Mi alma te busca a ti, Dios mío; tiene sed de Dios, del Dios vivo 218

No debemos de olvidar que orar es decir sí a Dios. No es fácil. La dificultad para decir sí a Dios está en no encontrarnos en oración con Él el Dios vivo. Por eso toda oración debe comenzar con un heme aquí, Señor, es ponerse en su presencia. Son muchas las actitudes que pueden obstaculizar el encuentro, pero ninguno tanto como la actitud de permanecer centrados en nosotros mismos. Cuando la persona es el centro de su relación con Dios, todo lo reduce a objeto, todo los subordina a su provecho inmediato. Para entrar en relación con Él, la persona tiene que adoptar una postura de disponibilidad y desprendimiento. Con frecuencia, la oración esta tan llena de nuestras peticiones, necesidades e intereses que no permitimos entrar a Dios en nuestra existencia. Sólo escuchamos nuestras palabras y nuestro ruido; no escuchamos la voz callada de Dios. Orar exige descentrarnos y abrirnos a su amor.

Para abrirse a Dios en la oración es necesario reconocer su presencia. Una presencia que reclama nuestra libertad, despierta en nosotros la confianza y nos invita a la adhesión. Lo importante no es el razonamiento o la explicación, sino el reconocimiento y la acogida. Aceptar a Dios como raíz y sentido de nuestra existencia.

Cuando una persona ha vivido mucho tiempo alejada de Dios y su presencia parece haberse apagado para siempre, la visita de Dios puede producirse de forma tenue y frágil, pero muy real. Incluso cuando la palabra de Dios ya no dice nada a la persona porque se ha hecho irreconocible o poco significativa, Dios puede hacerse presente en el corazón humano. Echar de menos un sentido último, preguntarse por el misterio de la existencia, anhelar vida eterna, son formas germinales de la oración que pueden desembocar en esa conocida invocación de Carlos de Foucault: Si existes, haz que yo te conozca.

216- 1ª de Juan 4. 8
217- Salmo 27-26 8-9
218- Salmo 42-41 2-3

La presencia de Dios no es más entre otras. Su llamada no puede ser captada como una más. Exige escuchar a Alguien que viene de más allá que nosotros mismos, que supera nuestros deseos, que desborda nuestros planteamientos. Podemos acogerlo a rechazarlo. Dejarlo resbalar una vez más o abrirnos a Él.

Acoger a Dios nos lleva inevitablemente a descubrirnos a nosotros mismos, con nuestra grandeza y nuestra pequeñez, con nuestro anhelo de infinito y nuestra miseria. Nos lleva también a descubrir nuestra propia interioridad, al comienzo con temor, luego con una confianza grande en quien nos ama sin fin. La acogida se concreta en retirar los obstáculos, resistencias y miedos: "Tu no abandonas a los que te buscan "219.

Todo aquel que quiera orar ha de recogerse. Sólo la atención interior hace posible el encuentro con Dios. Ni siquiera Dios puede comunicarse con una persona interiormente distraída. Las cosas tiran de nosotros y las actividades reclaman sin cesar nuestra atención. Atraídos por mil impresiones y dispersos por tanto hacer, podemos terminar viviendo separados de nuestro centro, sin capacidad de dejar a Dios hacerse presente en nosotros. Sin embargo, nada de todo eso responde plenamente a nuestras aspiraciones ni acalla nuestras preguntas últimas.

La oración pues, exige presentarme ante Dios tal como soy en realidad. Por eso, es necesario dejar a un lado el personaje que trato de ser ante los demás. Liberarme de la superficialidad en las que me he instalado. Profundizar en mi propia verdad. Buscar lo esencial. Así ora el que busca a Dios "Envía tu luz y tu verdad; que ellas me guíen "220

Desde todas las situaciones y en cualquier momento es posible orar. Pero nuestras mejores intenciones se vienen abajo cuando nuestra vida está totalmente desorganizada o es poco autentica. Hay una manera de vivir en la que Dios no puede entrar; faltan momentos de sosiego para estar ante Dios. Otras veces, la vida como vacía. Falta el contacto con las personas, interés por lo que sucede en la vida, solicitud por los demás. Tampoco ahí puede nacer y, sobre todo crecer una autentica oración

219- Salmo 9, 11
220- Salmo 43-42 3

El deseo de orar solo se hace realidad cuando la persona reserva unos minutos para recogerse ante Dios e invocarlo desde el fondo del corazón, a solas, en la intimidad de la propia conciencia. Es ahí donde se abre al misterio de Dios. Esa invocación humilde y sincera en medio de la inexperiencia, es el mejor camino para hacerse perceptivo a Él.
No se trata solo de reconocer una presencia, sino de dirigirse a Dios personalmente. Dios ya no es aquel de quien se habla en tercera persona, sino un tú a quien invoco confiado. "A ti, Señor levanto mi alma, Dios mío, en ti confió 221.

Cada uno ha de seguir su propio camino. A alguno le puede ayudar rezar una oración conocida y amada, como el Padre Nuestro o el Ave María, deteniéndose en cada expresión. Hay que ir muy despacio sin prisa. Solo así se descubre se sentido y se comienza a saborear la oración. Esto es lo que nutre interiormente. Otro puede acudir a los salmos para rezarlos lentamente, deteniéndose en las frases que encuentran más eco en su corazón. Pronto descubrirá que reflejan sus propios sentimientos, miedos, anhelos y búsqueda de Dios.

Habrá quien se dirija a Dios con expresiones tomadas de los evangelios: creo, Señor. Ayuda a mi poca fe 222. Señor, tú lo sabes todo. Tú sabes que te quiero 223. Señor, si quieres puedes limpiarme.224. Dios mío, ten compasión de mí, que soy pecador 225. Pronto empezará la persona a hablar a Dios con expresiones propias: Dios mío te necesito. Te doy gracias porque me amas. Tu fuerza me sostendrá para siempre. Enséñame a vivir. Es conveniente repetir las mismas palabras. Así oraba Jesús y así oran los discípulos, tanto el principiante como el experimentado.

¿Se puede orar a Dios cuando uno se siente seguro de nada, ni siquiera de si cree o no en Él? Claro que se puede. Más aún, esa oración en medio de la oscuridad y las dudas es probablemente uno de los mejores caminos para crecer en la verdadera fe. No debemos de olvidar que la fe no está en nuestras seguridades ni en nuestras dudas. Está más allá, en el fondo del corazón humano que nadie conoce, si no es Dios. Lo importante es seguir anhelando su presencia, para decirle todo si excluir nada. Podemos expresarle nuestras dudas y protesta, nuestro dolor y desesperación, con tal de que sigamos dirigiéndonos a Él. "Soy tuyo, sálvame" 226, sin saber siquiera exactamente qué es lo que queremos decir.

La oración, es un trato de amistad con Dios. Así la llama Santa Teresa, pues orar no es otra cosa sino tratar de amistad, estando muchas veces tratando a solas con quien sabemos nos ama. Conocer y amar cada vez más a Dios revelado en Cristo Jesús, y acoger cada vez con más fe y fidelidad ese amor. En la oración la prioridad la tiene el amor. No está en pensar mucho, sino en amar mucho. Recordar el amor de Dios, disfrutarlo y agradecerlo. Vivir de ese amor y responder a sus exigencias: orar es pensar en Dios amándolo.

221- Salmo 25-24 1-2
222- Marcos 9 24
223- Juan 21 17
224- Mateo 8 2
225- Lucas 18 13
226- Salmo 119-118 94

La oración no es algo complicado. No se trata de hacer ejercicios mentales. Solo dejarse amar. Está al alcance de todos. No todos son hábiles para pensar, pero todos los son para amar. La oración se hace con el corazón. Las palabras sirven de soporte para estar amando a Dios. Lo importante es aprender a mirar a Dios con amor y sabernos mirados por Él con amor. Rezar cualquier oración sintiéndonos bajo esa mirada de Dios. No es una mirada acusatoria sino de Padre; mirada que crea confianza y amor; "Eres de gran precio a mis ojos, eres valioso y yo te amo" 227. Entonces cualquier oración, aunque no estemos pensando exactamente lo que decimos, es estar con Dios. Un estar que une, crea comunión, vivifica y hace crecer la fe. No pensemos en experiencias sublimes, solo se trata de estar en tan buena compañía.

Todo lo que es parte de nuestra vida puede ser ocasión de oración. Una alegría o una preocupación, un momento feliz o una desgracia, un éxito o un temor. A Dios nos dirigimos desde lo que estamos viviendo en ese momento y es eso precisamente lo que mejor reaviva nuestra oración.

Se aprende a orar cuando acierta a expresar a Dios su estado de ánimo y comparte con Él su vida, incluso si todo va mal. Así lo hacía Job: "Estoy hastiado de la vida: me voy a entregar a las quejas, desahogando la amargura de mi alma. Pediré a Dios: no me condenes, hazme saber qué tienes contra mí" 228. Este rezar a Dios desde nuestro propio estado de ánimo no es aislarse de los demás, pues en nuestro corazón es donde han de resonar las alegrías y sufrimientos de nuestros hermanos.
La meditación cristiana consiste en reflexionar desde la fe con el fin de encontrar luz y fuerza para vivir más de acuerdo con el Evangelio. Dedicar un tiempo a pensar o considerar algún aspecto de la fe, de Jesucristo. No es un ejercicio puramente mental. No se trata solo de pensar, sino pensar en alguien a quien se ama. Si todo queda en ideas y pensamientos nuestros, no elevamos nuestro ser hasta Dios. Por eso, no está en pensar mucho, sino amar mucho.

227- Isaías 43 4
228- Job 10 1-2

Muchas veces queremos orar, por una situación concreta, pero no sabemos cómo ubicar nuestra oración a las circunstancias que estamos viviendo. Propongo las siguientes oraciones, como guía práctica.

LA ORACION PARA DIFERENTES CIRCUNSTANCIAS

Orar para ser un buen amigo

Proverbios 17. 17
Lucas 10. 25-37
Juan 15. 11-17

Orar para ser un buen líder:

Isaías. 11. 1-9 32. 1-8
1ª Timoteo 3. 1-7
2ª Timoteo 2. 14-26
Tito 1. 5-9

Orar por las viudas y ancianos:

Génesis 47 1-12
Rut 1
Proverbios 23. 22
1Timoteo 5. 3-8

Orar para celebrar el nacimiento o la adopción de un niño o niña:

Salmo 100 (99)
Proverbios 22. 6
Lucas 18 15-17
Juan 16. 21-22

Orar para celebrar una graduación:

Salmo 119 (118) 105
Proverbios 9. 10-12
Gálatas 5. 16-26
Filipenses 4. 4-9

Orar para celebrar una boda

Génesis 2. 18-24
Cantar de los cantares 8 6-7
Efesios 5. 21-33
Colosenses 2. 6-7

Orar para descubrir la voluntad de Dios:

Salmo 15 (14)
Miqueas 6. 6-8
Mateo 5. 14-16
Lucas 9. 22-27
Romanos 13. 8-14
2ª Pedro 1- 3-9
1ª Juan 4. 7-21

Orar para celebrar un aniversario de boda

Salmo 100 (99)
1ª Corintios 13

Orar para controlarse uno mismo:

Proverbios 14. 17-29 15. 18-19
Eclesiastés 7. 9
Gálatas 5. 16-26

Orar para controlar lo que decimos:

Salmo 12. (11) 19 (18) 14
Proverbios 11. 13 26, 20
2ª Tesalonicenses 2. 16-17
Santiago 3. 1-12

Orar para enfrentar a los falsos profetas.

Mateo 7. 15-20
2ª Pedro 2
1ª Juan 4. 1-6
Juan 10. 1-20

Orar para enfrentar la presión.

Proverbios 1. 7-19
Romanos 12. 1-2
Gálatas 6. 1-5
Efesios 5. 1-20

Orar para entrar a la universidad.

Proverbios 2. 1-8 3. 1-18 4. 1-27 23. 12
Romanos 8. 1-17
1ª Corintios 1 18-31

Orar en el servicio militar

2ª Samuel 22. 2-51
Salmo 91(90)
Efesios 6. 10-20
2ª Timoteo 2. 1-13

Orar para enfrentar la muerte de un ser querido:

Job. 19. 25-27
Juan 11 25-27 14. 1-7
Romanos 8. 31-39 14. 7-9
1ª Tesalonicenses 4. 13-18

Orar para enfrentar la enfermedad

Salmo 23 (22)
Marcos 1. 29-34 6. 53-56
Santiago 5. 14-16

Cómo enfrentar el sufrimiento.

Salmo 109 (108) 119 (118) 153-160
Mateo 5. 3-12
Juan 15. 18- 16. 4
Romanos 8. 18-30
2ª Corintios 4. 1-15
Hebreos 12. 1-11
1ª Pedro 4. 12-19

Orar ante un juicio o una demanda judicial.

Salmo 26 (25)
Isaías 50. 4-11
Mateo 5. 25-26
Lucas 18. 1-8

Orar para tomar una decisión difícil,

1ª Reyes 3
Ester 4-7
Salmo 139 (138)
Daniel 2. 14-23
Colosenses 3. 12-17

Orar para enfrentar la soledad.

Salmo 90 ((89) 1-2

Isaías 65. 17-25
Lamentaciones 3. 19-24
Lucas 9. 57-62
1ª Corintios 7. 25-38 12 1-31
Apocalipsis 21. 1-4

Orar para enfrentar el divorcio

Salmo 25 (24)
Mateo 19. 1-9
Filipenses 3. 1-11

Orar para enfrentar la cárcel:

Lamentaciones 3. 34-36
Mateo 25. 31-46
Lucas 4. 16-21

Orar para enfrentar un desastre natural.

Génesis 8. 9, 17
Job 36. 22 37 13
Salmo 29 (28) 36 (35) 5-9 124 (123)
Jeremías 31. 35-37
Romanos 8. 31-39
1ª Pedro 1. 3-12

Orar para enfrentar la pérdida del trabajo.

Jeremías 29. 10-14
Lucas 16. 1-13
Filipenses 4. 10-13

Orar ante las pérdidas materiales:

Job. 1. 13-22 42. 7-17
Isaías 30 19-26 41 17-20
Romanos 8. 18-39

Orar para aprovechar el tiempo.

Proverbios 28. 19
Marcos 13. 32-37
Lucas 21 34-36
1aTimoteo 4. 11-16
Tito 3. 8-14

Orar cuando estrenamos vivienda

Salmo 127 (126) 1-2
Proverbios 24. 3-4
Efesios 3. 14-21
Apocalipsis 3. 20-21

Orar para sobreponerse a la adicción

Salmo 40. (39) 1-5 11-17
Salmo 116 (115) 1-7
Proverbios 23. 29-35
2ª Corintios 5. 16-21
Efesios 4. 22-24

Cómo orar para evitar una discusión

Levítico 19 17-18
Mateo 5 23-26
Lucas 6. 27-35
Efesios 4. 25-32

Orar para superar los prejuicios

Mateo 7. 1-5
Hechos 10. 34-36
Gálatas 3. 26-29
Efesios 2. 11-22
Colosenses 3. 5-11
Santiago 2. 1-13

Orar en contra del orgullo

Salmo 131 (130)
Marcos 9. 33-37

Lucas 14 7-11 18. 9-14 22. 24-27
Romanos 12 14-16
1ª Corintios 1. 18-31
2ª Corintios 12 1-10

Cómo orar antes de instruir a los niños y niñas

Proverbios 22 6
Efesios 6. 4
Colosenses 3. 21

Orar para obtener el perdón

Salmo 32 (29) 1 5. 51(50)
Proverbios 28. 13
Joel 2. 12-17
Mateo 6. 14-15
Hebreos 4. 14-16
1ª Juan 1. 5-10

Orar para respetar la autoridad civil

Marcos 12. 13-17
Romanos 13 1-7
Tito 3. 1-2
1ª Pedro 2. 13-17

Orar por el respeto a los padres

Éxodo 20. 12
Proverbios 23 22
Efesios 6. 1-3
Colosenses 3. 20

Orar al jubilarse

Números 6. 24-26
Salmo 145 (144)
Mateo 25. 31-46
Romanos 12 1-2
Filipenses 3. 12-21

2ª Pedro 1- 2

Orar para pedir la ayuda de Dios.

Salmos 5 57 (56) 86 (85) 119 (118) 169-176 121 (120) 130 (129)
Mateo 7. 7-12

Orar para pedir la salvación

Juan 3. 1-21
Romanos 1. 16-17 3. 21-31 5. 1-11 10. 5-13
Efesios 1. 3-14 2. 1-10

Orar para encontrar Justicia

Salmo 10 (9) 17 (16) 75 (74) 94(93)
Isaías 42 (41) 1-7 61(60) 1-9
Amós 5. 24
Habacuc 1. 1-2-4

Orar para encontrar fortaleza

Salmo 46 (45) 138 (137)
Isaías 4 27-31 51 12-16
Efesios 6. 10-20
2ª Tesalonicenses 2. 16-17

Orar para encontrar la verdad

Salmo 119 (118) 153-160
Juan 8. 31-47 14. 6-14 16 4-15
1ª Timoteo 2. 1-7

Orar para comenzar un nuevo empleo

Proverbios 11. 3 22 29
Romanos 12. 3-11
1ª Tesalonicenses 5 12-18
2ª Tesalonicenses 3. 6-13
1ª Pedro 4. 7-11

Orar para relacionarnos con Dios

Deuteronomio 5. 1-22
Salmo 139 (138)
Juan 15 1-17
Romanos 5 1-11 8 1-17

Orar para relacionarnos con los demás

Deuteronomio 5. 16-21
Proverbios 3. 27-35
Mateo 18 15-17 18 21-35
Romanos 14 13-23 15 1-6
Gálatas 6 1-10
Colosenses 3 12-17
1ª Juan 4 7-12

Orar para ejercer los dones que Dios nos ha dado

Éxodo 35 20-29
Malaquías 3 6-12
Lucas 21 1-4
Hechos 2 43-47 4 32-37
Romanos 12. 9-13
1ª Corintios 16 1-4
2ª Corintios 8 1-15 9 6-15

Orar cuando estas deprimido

Salmo 16 (15) 43 (42) 130 (129)
Isaías 61 1-4
Jeremías 15 10-21
Lamentaciones 3. 55-57
Juan 3. 14-17
Efesios 3 14-21

Orar para confiar en el futuro

Isaías 35 60
Jeremías 29 10-14
1ª Pedro 1 3-5
Apocalipsis 21 1-8

Orar para dar gracias

Salmo 18 (17) 67 (66)
Mateo 11 25-29
Lucas 1 46-55
Apocalipsis 19 5-8
Hechos 17 24-28

Orar cuando nos preocupamos por la vejez

Salmo 37(36) 23-29
Isaías 46 3-4

Orar para dejar ese afán por el dinero

Proverbios 11 7
Eclesiastés 5 10-20
Mateo 6 24-34
Lucas 12 13-21
1ª Timoteo 6 6-10

Orar cuando se tiene miedo

Salmo 27 (26) 91 (90)
Isaías 41 5-13
Marcos 4 35-41
Hebreos 13 5-6
1ª Juan 4 13-18

Orar cuando se tiene impaciencia

Salmo 13 (12) 37 (36) 1-7 40 (39) 1-5
Eclesiastés 3 1-15
Lamentaciones 3 25-33
Hebreos 6. 13-20
Santiago 5 7-11

Orar cuando se tiene miedo a la muerte

Salmo 23 (22) 63 (62) 1-8
Juan 6. 35-40
Romanos 8. 18-39
1ª Corintios 15 35-37
2ª Corintios 5. 1-10
2ª Timoteo 1 8-10

Orar cuando se es celoso

Salmo 49 (48)
Proverbios 23 17
Santiago 3. 13-18

Orar cuando se está ansioso o enojado

Proverbios 15. 1
Romanos 12 17-21
Mateo 5 21-24
Efesios 4 26-32
Santiago 1 19-21
Salmo 25 (24)
Mateo 6 25-34 10 26-31
1ª Pedro 1 3-5 5 7

Orar para cuando se siente frustrado o engañado

Salmo 55 (54) 62 (61) 1-8
Jeremías 20. 7-18

Job 21 1-16 24 1-17 36 1-26
Mateo 7 13-14

Orar cuando se está inseguro

Deuteronomio 31 1-8
Salmos 73 (72) 21-26 108 (107)
Filipenses 4 10-20
1ª Juan 3 19-24

Orar cuando te sientes desanimado

Salmo 34 (33)
Isaías 12 1-6
Romanos 15 13
2ª Corintios 4 16-18
Filipenses 4 10-13
Colosenses 1 9-14
Hebreos 6 9-12

Orar cuando te sientes solo

Salmo 22(21) 42 (41)
Juan 14 15-31

Orar cuando se tiene dudas en la fe en Dios

Salmo 8 146 (145)
Proverbios 30 5
Mateo 7 7-12
Lucas 17 5-6
Juan 20 24-31
Romanos 4. 13-25
Hebreos 11
1ª Juan 5 13-15

TERCERA PARTE:

CAMINO BIBLICO
SOBRE LA ORACION

INTRODUCCIÓN

Acudiendo a las fuentes de la Sagrada Escritura, de la tradición de los Padres de la Iglesia, de los maestros de espiritualidad y de la liturgia, queremos a aprender a vivir aún más intensa nuestra relación con el Señor.

Los Evangelios nos describen a Jesús en dialogo íntimo y constante con el Padre: es una comunión profunda de aquel que vino al mundo no para hacer su voluntad, sino la del Padre que lo envió para la salvación de la humanidad.

Como introducción quiero proponer algunos ejemplos de oración presentes en las antiguas culturas, para poner de relieve, cómo, prácticamente siempre y por dondequiera se han dirigido a Dios.

En el antiguo Egipto por ejemplo, un hombre ciego, pidiendo a la divinidad, que le restituyera la vista, atestigua algo que es humano, como es la sencilla oración de petición hecha por quien se encuentra en medio del sufrimiento. El hombre ora así "Mi corazón desea verte, tú que me has hecho ver las tinieblas, crea la luz para mí. Que yo te vea. Inclina hacia mí tu rostro amado". Que yo te vea: aquí está el núcleo de esta oración de petición. 229

En las religiones de Mesopotamia dominaba un sentido de culpa hermético, pero no carecía de esperanza y de rescate liberador por parte de Dios. Así podemos apreciar está suplica de un creyente de estos antiguos que dice así: "Oh Dios que eres indulgente, incluso en la culpa más grave, absuelve mi pecado. Mira Señor, a tu sirvo agotado, sopla tu aliento, perdóname sin demora. Aligera tu castigo. Haz que yo, liberado de los lazos, vuelva a respirar, rompe mi cadena, líbrame de las ataduras". 230 Estas expresiones demuestran que el hombre, en su búsqueda de Dios, ha intuido, aunque sea confusamente, por una parte su culpa y por otra los aspectos de la misericordia divina.

En el seno de la religión pagana de la antigua Grecia se produce una evolución muy significativa: las oraciones, aunque siguen invocando la ayuda divina, para obtener el favor celestial en todas las circunstancias de la vida diaria, se orientan progresivamente hacia peticiones más desinteresadas, que permiten al hombre creyente profundizar se relación con Dios.

229- Presagio de la humanidad Bracsia 1993 Pág. 30

230- Presagio de la humanidad Bracsia 1993 Pág. 30

El gran filósofo Platón refiere una oración de su maestro, Sócrates, considerado uno de los fundadores del pensamiento occidental. Sócrates oraba así: "Haz que yo sea bello por dentro: que yo considere rico a quien es sabio y que solo posea el dinero que puede tomar y llevar un sabio. No pido más" 231
En la literatura Griega, se encuentran oraciones que expresan el deseo de conocer a Dios y de adorar su majestad. Una de ellas dice así: Oh Zeus, soporte de la tierra y que sobre la tierra tienes tu asiento, ser inescrutable, quienquiera que tú seas, a ti dirijo mis suplicas. Pues conduces todo lo moral conforme a la justicia por caminos silenciosos" 23 Dios permanece un poco oculto, y aun así el hombre conoce a este Dios desconocido y ora a aquel que guía los caminos de la tierra.

También entre los romanos que constituyeron el gran imperio en el que nació y se difundió el cristianismo. La oración aún asociada a una concepción utilitarista y fundamentalmente vinculada a la petición de protección divina sobre la vida de la comunidad civil, se abre a veces a invocaciones admirables por el fervor de la piedad personal, que se transforma en alabanza y acción de gracias. Lo atestigua un autor del África romana del siglo II después de Cristo. Apuleyo. En sus escritos manifiesta la insatisfacción de los contemporáneos respeto a la religión tradicional y el deseo de una relación más auténtica con Dios. En su obra la metamorfosis, un creyente se dirige a una divinidad femenina con estas palabras "Tú si eres santa, tú eres en todo tiempo salvadora de la especie humana, tu, en tu generosidad, prestas siempre ayuda a los mortales, tu ofreces a los miserables en dificultades el dulce afecto que pueden tener una madre. Ni de día ni de noche, ni instante alguno, por breve que sea, pasa sin que tú lo colmes de tus beneficios" 233

El emperador Marco Aurelio, que también era filósofo pensador de la condición humana, afirma la necesidad de orar para entablar una cooperación provechosa, entre la acción divina y la acción humana. En su obra recuerdos escribe "Quien ha dicho que los dioses no nos ayudan, incluso en lo que depende de nosotros. Comienza por tanto a orarles y veraz" 234
Este consejo del emperador filósofo fue puesto en práctica efectivamente por muchas generaciones de hombres antes de Cristo, demostrando así que la vida humana sin oración, que abre nuestra existencia al misterio de Dios, queda privada de sentido y de referencia. De hecho, en toda oración se expresa siempre la verdad de la criatura humana que por una parte experimenta debilidad e indigencia y por esos pide ayuda al cielo, y por otra está dotada de una dignidad extraordinaria, porque, preparándose a acoger la revelación divina, se descubre capaz de entrar en comunión con Dios.

Estos ejemplos de oración de las diversas culturas, que he considerado, podemos ver en ellos un testimonio de la dimensión religiosa y del deseo de Dios, inscrito en el corazón del hombre que tiene su cumplimiento y expresión plena en el Antiguo y nuevo Testamento.

231- Culturas P.Pucci Bari 1966

232- Presagio de la humanidad Brecsia 1993 Pág. 54

233- Presagio de la humanidad Brecsi< 1993 Pág. 79
234- Diccionario de la espiritualidad Columna 2231

Vivimos en una época en que son evidentes los signos de secularización o irreligiosidad. Parece que Dios ha desaparecido del horizonte de muchas personas o permanece indiferente. Sin embargo, al mismo tiempo vemos muchos signos que nos indican un despertar del sentido religioso, un redescubrimiento de la importancia de Dios para la vida el hombre.

EL HOMBRE Y LA ORACIÓN

El hombre es religioso por naturaleza, el deseo de Dios, está inscrito en su corazón, porque el hombre ha sido creado por Dios y para Dios. [235] La imagen del Creador está impresa en su ser y el siente la necesidad de encontrar una luz. El hombre moderno a igual que el de las cavernas busca en la experiencia religiosa los caminos para superar y para asegurar su aventura terrena. Sin embargo, la búsqueda del hombre sólo encuentra su plena realización en el Dios que se revela.

La oración que es apertura y elevación del corazón a Dios, se convierte así en una relación personal con Él. Y aunque el hombre se olvide de su Creador, el Dios vivo y verdadero no deja de tomar la iniciativa llamando al hombre al misterioso encuentro de la oración.

LA ORACION DE INTERCESIÓN EN EL ANTIGUO TESTAMENTO. ABRAHAM

La intercesión de Abraham por Sodoma y Gomorra que podemos ubicar en la Biblia en el libro del Génesis [236] es el primer ejemplo de la oración. Cuando Dios decide revelarle lo que está a punto de suceder y la de a conocer la gravedad del mal y sus terribles consecuencias, porque Abraham es su elegido, para convertirse en un gran pueblo y hacer que a todo el mundo llegue la bendición divina. Tiene una misión de salvación, que debe responder al pecado que ha invadido la realidad del hombre; a través de él el Señor quiere reconducir a la humanidad a la fe, a la obediencia, a la justicia.

Así por la intercesión de Abraham Sodoma y Gomorra podrán salvarse, si en ellas se encuentran tan solo diez inocentes. Esta es la fuerza de la oración. Porque a través de la intercesión, la oración a Dios por la salvación de los demás, se manifiesta y se expresa el deseo de salvación que Dios alimenta siempre hacia el hombre pecador. De hecho, el mal no puede aceptarse, hay que señalarlo y destruirlo a través del castigo: la destrucción de Sodoma y Gomorra tenía precisamente esta función. Pero el Señor no quiere la muerte del malvado sino que se convierta y viva; [237] su deseo siempre es perdonar, salvar, dar vida, transformar el mal en bien, es precisamente este el deseo divino el que, en la oración, se convierte en deseo del hombre y expresa a través de las palabras de intercesión. Con su suplica, Abraham está prestando su voz, pero también su corazón a la voluntad divina: es deseo de Dios es misericordia, amor y voluntad de salvación, y este

235-Catecismo de la Iglesia No 27
236-Génesis 18. 16-33

237-Ezequiel 18. 33 y 33. 11

deseo de Dios ha encontrado en Abraham y en su oración la posibilidad de manifestarse de modo concreto en la historia de los hombres. Con la voz de su oración Abraham está dando voz al deseo de Dios, que no es destruir, sino salvar a Sodoma y Gomorra, dar vida al pecador convertido.

La súplica de Abraham, nuestro Padre en la fe, nos enseña a abrir cada vez más el corazón a la misericordia de Dios, para que en la oración diaria sepamos desear la salvación de la humanidad y pedirla con perseverancia y con confianza en el Señor que es grande en el amor.

ORACION ENCUENTRO CON DIOS EN EL ANTIGUO TESTAMENTO

En el libro del Génesis, 238 se nos relata el encuentro con Dios en una lucha nocturna la cual se convierte en una larga noche de la búsqueda de Dios.

La noche es el tiempo favorable para actuar a escondidas, por tanto para Jacob, es el tiempo mejor para entrar en el territorio de su hermano Esaú, sin ser visto y para tomarlo por sorpresa. Sin embargo, es él quien se ve sorprendido por un ataque imprevisto, para el que no estaba preparado. Ahora tiene que afrontar una lucha misteriosa que lo sorprende en la soledad y sin oportunidad para organizar una defensa adecuada.

En la noche y en su soledad, el patriarca Jacob, lucha con alguien que no alcanza a distinguirlo claramente. Sólo al final cuando la lucha ha terminado y ese alguien ha desaparecido, Jacob lo nombrará y podrá decir que ha luchado contra Dios.

Este episodio en que Jacob, ha luchado contra Dios, se desarrolla en el vado de Yaboc, se muestra al creyente como un texto genial, en el que el pueblo de Israel habla de su propio origen y delinea los rasgos de una relación particular entre Dios y el Hombre. Por eso el Catecismo de la Iglesia católica, nos afirma: "La tradición espiritual de la Iglesia ha tomado de este relato el símbolo de la oración como un combate de la fe y una victoria de la perseverancia 239

El texto bíblico nos habla de la larga noche de la búsqueda de Dios, de la lucha por conocer su nombre y ver su rostro; es la noche de la oración que con tenacidad y perseverancia pide a Dios la bendición y un nombre nuevo, una nueva realidad, fruto de la conversión y del perdón.

La noche de Jacob en el vado de Yacob, se convierte así, para el creyente, en un punto de referencia para entender la relación con Dios, que en la oración encuentra su máxima expresión. La oración requiere confianza, cercanía, casi en cuerpo a cuerpo simbólico no

238-Génesis 32. 23-33
239 Catecismo de la Iglesia No 2573

con Dios enemigo, adversario, sino con un Señor que bendice que permanece siempre misterioso, que parece inalcanzable. Por eso el autor sagrado utiliza el símbolo de la lucha, que implica fuerza de ánimo, perseverancia, tenacidad para alcanzar lo que se desea. Y si el objeto del deseo es la relación con Dios, su bendición y su amor, entonces la lucha no puede menos de culminar en la entrega de sí mismos a Dios, en el reconocimiento de la propia debilidad, que vence precisamente cuando se abandona en las manos misericordiosas de Dios.

Toda nuestra vida es como una larga noche de lucha y de oración, que se ha de vivir con el deseo y la petición de una bendición a Dios que no puede ser arrancada o conseguida solo con nuestras fuerzas, sino que se debe recibir de Él con humildad, como don gratuito que permite, finalmente, reconocer el rostro del Señor. Y cuando esto sucede, toda nuestra realidad cambia, recibimos un nombre nuevo y la bendición de Dios. Más aún: Jacob recibe un nombre nuevo, se convierte en Israel y da también un nombre nuevo al lugar donde ha luchado con Dios y le ha orado; le da el nombre de Penuel, que significa "Rostro de Dios". Con este nombre reconoce que ese lugar está lleno de la presencia del Señor, santifica esa tierra dándole la marca de aquel misterioso encuentro con Dios. Quien se deja bendecir, se abandona a Él y se deja transformar por Él que hace bendito el mundo

ORACION DE INTERCESIÓN EN EL ANTIGUO TESTAMENTO MOISÉS

Leyendo el Antiguo Testamento, resalta una figura entre las demás, la de Moisés, precisamente como hombre de oración. Moisés, el gran profeta y caudillo del tiempo del Éxodo, desempeño su función de mediador entre Dios e Israel haciéndose portador, ante el pueblo, de la palabras y de los mandamientos, llevándolo hacia la libertad de la Tierra Prometida enseñando a los israelitas a vivir en la obediencia y en la confianza hacia Dios durante la larga permanencia en el desierto.

La intercesión de Moisés por su pueblo 240 Comienza orando por el faraón cuando Dios, con las plagas trataba de convertir el corazón de los egipcios. 241 Pide al Señor la curación de su hermana María enferma de lepra; 242 intercede por su pueblo que se había revelado, 243 ora cuando el fuego estaba a punto de devorar el campamento 244 y cuando las serpientes venenosas hacían estragos 245. Ve a Dios y habla con Él cara a cara, como habla un hombre con su amigo.

Cuando el pueblo en el Sinaí pide a Aarón, que haga un becerro de oro, Moisés ora, intercediendo, pues el pueblo de Israel que, se encontraba al pie del Sinaí, mientras Moisés, esperaba el don de las tablas de la ley, ayunando durante cuarenta días, y cuarenta noches: con el ayuno se indica que la vida viene de Dios, que es Él quien la sostiene; por eso, en este caso ayunar, renunciando al alimento, adquiere un significado

240- Éxodo 32 7-14
241- Éxodo 8 10

242- Números 12 9-13
243- Números 14. 1-9
244 -Números 11. 1-2
245- Números 21. 4-9

religioso; es un modo de indicar que no solo de pan vive el hombre, sino de toda palabra que sale de la boca del Señor 246 Ayunado, Moisés muestra que espera el don de la ley divina como fuente de vida: esa ley revela la voluntad de Dios y alimenta el corazón del hombre, haciéndolo entrar en una alianza con Él Altísimo, que es fuente de vida, que es la vida misma.

El pueblo de Israel, trasgrede la alianza, porque son incapaces de resistir la espera y la ausencia de su mediador, y se dedica a la idolatría, tomado un becerro y haciéndolo dios. El Señor reacciona y ordena a Moisés que baje del monte, revelándole lo que el pueblo estaba haciendo y terminando con estas palabras "deja que mi ira se encienda contra ellos, hasta consumirlos. Y de ti hare un gran pueblo", como hizo con Abraham a propósito de Sodoma y Gomorra, también Dios revela a Moisés lo que piensa hacer, de ahí viene la intervención y le pide a Dios que no lo haga, revelando así que el deseo de Dios, siempre es la salvación.

Después de la destrucción del becerro de oro, vuelve al monte a fin de pedir de nuevo la salvación para Israel. Con la oración se ofrece a sí mismo. Los Padres de la iglesia vieron una prefiguración de Cristo en el monte calvario; en la cruz, está realmente presente delante de Dios, no solo como amigo, sino como Hijo y no solo se ofrece, sino que con el corazón traspasado lleva sobre sí nuestros pecados para salvarnos. Nos lleva a todos en su cuerpo. Y así toda su existencia de hombre y de Hijo es un grito al corazón de Dios, es perdón, pero perdón que transforma y renueva.

LA ORACION EN EL ANTIGUO TESTAMENTO EL PROFETA ELÍAS

En la historia religiosa del antiguo Israel, tuvieron gran relevancia los profetas con sus enseñanzas y sus predicaciones. Entre ellos surge la figura de Elías, suscitado por Dios para llevar al pueblo a la conversión. Su nombre significa "El Señor es mi Dios".

En su ministerio Elías ora: invoca al Señor para que devuelva la vida al hijo de una viuda que lo había hospedado. 247 grita a Dios su cansancio y su angustia, mientras huye por el desierto, buscado por la reina Jezabel para matarlo, pero es sobre todo en el monte Carmelo donde se muestra en todo su poder de intercesor cuando ante todo Israel ora al Señor para que se manifieste y convierta el corazón del pueblo.

En Israel se había creado una situación de abierto sincretismo, junto al Señor el pueblo adora a Baal, el ídolo tranquilizador del que se creía que venía el don de la lluvia.

246- Deuteronomio 8 3
247- 1ª Reyes 17 17-24

Precisamente para desenmascarar la necedad engañosa de esa actitud, el profeta Elías intervine mostrándoles a los profetas de Baal, que el Dios verdadero es el Dios de Israel, que es Dios de salvación y de vida.

Nos hemos centrado en algunas figuras del Antiguo Testamento, particularmente significativas para reflexionar sobre la oración. Hablamos de Abraham quien intercede por las ciudades de Sodoma y Gomorra: de Jacob que en la lucha nocturna recibe la bendición; de Moisés quien invoca el perdón para su pueblo; y de Elías, que ora por la conversión de Israel.

LA ORACION EN EL ANTIGUO TESTAMENTO LOS SALMOS

Dentro de los libros del Antiguo Testamento, encontramos el libro de los salmos, que es el libro de oraciones por excelencia.
El salterio se presenta como un formulario de oraciones, una selección de ciento cincuenta Salmos, que la tradición bíblica da al pueblo de los creyentes para que se convierta en su oración, en nuestra oración, en nuestro modo de dirigirnos a Dios y de Relacionarnos con Él. En este libro encuentra expresión toda la experiencia humana con sus múltiples facetas, y toda la gama de los sentimientos que acompañan la existencia del hombre. En los salmos se entrelazan y se expresan alegría, y sufrimiento, deseo de Dios, de Toda la realidad del creyente confluye en estas oraciones, que el pueblo de Israel, primero y la iglesia después, asumió como mediación privilegiada de la relación con el único Dios y respuesta adecuada a su revelación en la historia.

En cuanto oraciones, los Salmos son manifestaciones del espíritu y de su fe, en las que todos nos podemos reconocer y en las que se comunica la experiencia de particular cercanía a Dios a la que están llamados todos los hombres. Y toda la complejidad de la existencia humana se concentra en la complejidad de las distintas formas literarias de los diversos Salmos: himnos, lamentaciones, suplicas individuales y colectivas, cantos de acción de gracias, salmos penitenciales y otros géneros que se pueden encontrar en estas composiciones poéticas.

Los Salmos de hecho, enseñan a orar. En ellos la Palabra de Dios, se convierte en palabra de oración y palabra del orante. Es esta la belleza y la particularidad de este libro bíblico: las oraciones contenidas en el, a diferencia de otras oraciones que encontramos en la Sagrada Escritura, no se insertan en una trama narrativa que especifica su sentido y su función. Los Salmos se dan al creyente, precisamente como texto de oración, que tiene como único fin convertirse en la oración de quien los asume y con ellos se dirige a Dios.
Dado que son palabra de Dios, quien ora con los Salmos habla a Dios con las mismas palabras que Dios nos ha dado. Así al orar los salmos se aprende a orar. VER LA ORACIÓN PARA DIFERENTES CIRCUNSTANCIAS PAGINA 77

Jesús que en su vida terrena oró, con los Salmos, encuentra su definitivo cumplimiento y revelan su sentido más pleno y profundo. Las oraciones del Salterio, con las que se habla a Dios, nos hablan de Él, nos hablan del Hijo, imagen del Dios invisible, que nos revela plenamente el rostro del Padre. El cristiano, por tanto, al orar al Padre en Cristo y con Cristo. Todo Salmo adquiere una luz nueva en Cristo y el Salterio puede brillar en toda su infinita riqueza.

LA ORACION DE JESÚS AL PADRE.

Hemos reflexionado sobre algunos ejemplos de oración en el Antiguo Testamento. Quiero comenzar a mirar a Jesús, a su oración que atraviesa toda su vida. Según el proyecto de amor de Dios Padre. Jesús es el maestro también de nuestra oración, más aún, Él es nuestro apoyo activo y fraterno al dirigirnos al Padre." La oración es plenamente revelada y realizada en Jesús 248.

En un momento especialmente significativo de su camino es la oración que sigue al bautismo al que se somete en el rio Jordán. El evangelista Lucas señala que Jesús, después de haber recibido, junto a todo el pueblo, el bautismo de manos de Juan el Bautista, entra en una oración muy personal y prolongada "Y sucedió que todo el pueblo era bautizado, también Jesús fue bautizado; y, mientras oraba, se abrieron los cielos, bajó el Espíritu Santo sobre Él 249 Orando, Él, da a su gesto del bautismo un rasgo exclusivo y personal.

El Bautista había dirigido una fuerte llamada a vivir verdaderamente como hijos de Abraham, convirtiéndose al bien y dando frutos dignos de tal cambio 250. Y un gran número de israelitas se habían movilizado, como nos recuerda el evangelista San Marcos "Acudían a Juan toda la región de Judea y toda la gente de Jerusalén. Él los bautizaba en el rio Jordán y confesaban sus pecados 251

El bautista traía algo nuevo: someterse al bautismo debía significar un cambio decisivo, abandonar una conducta vinculada al pecado y comenzar una vida nueva. También Jesús acoge esta invitación, entra en la multitud de pecadores que esperaban a la orilla del Jordán. Pero, como los primeros cristianos nosotros también nos preguntamos: ¿Por qué Jesús se somete voluntariamente a este bautismo de penitencia y de conversión? No tiene pecados que confesar, por lo tanto no tenía necesidad de convertirse. Entonces, ¿Por qué este gesto? El evangelista San Mateo refiere el estupor del Bautista que afirma: "Soy yo el que necesito que tú me bautices, ¿y tú acudes a mí? 252 y la respuesta de Jesús es: conviene a así cumplamos toda justicia. El sentido de la palabra justicia en la biblia es aceptar plenamente la voluntad de Dios.
La enseñanza de Jesús sobre la oración viene de su modo de orar aprendido en familia," Conforme a su corazón de hombre, Jesús aprendió a orar de su madre y de la tradición judía 253

La oración de Jesús compromete todo su ministerio, las fatigas no la impiden. Es más, los evangelios nos narran una costumbre de Jesús a pasar parte de la noche en oración. El

248- Catecismo de la Iglesia No 541-547
249- Lucas 3. 21-22
250- Lucas 3 7-9
251- Marcos 1 5
252- Mateo 3 14
253- Catecismo de la Iglesia 541

evangelista san Marcos narra una de estas noches, después de la agotadora jornada de la multiplicación de los panes escribe: "Enseguida apremió a los discípulos a que subieran a la barca y se le adelantaran hacia la orilla de Betsaida, mientras Él despedía a la gente. Y después de despedirse de ellos, se retiró al monte para orar. Llegada la noche, la barca estaba en mitad del mar y Jesús solo, en tierra" 254 Cuando las decisiones resultan urgentes y complejas, su oración se hace más prolongada e intensa.

En la elección de los Doce apóstoles, San Lucas nos narra la duración nocturna de la oración de Jesús "En aquellos días. Jesús salió al monte a orar y pasó la noche orando a Dios. Cuando se hizo de día, llamó a sus discípulos, escogió dentro de ellos a doce, a los que también nombro apóstoles" 255

La experiencia de Jesús, muestra que su oración, animada por la paternidad de Dios, y por la comunión del Espíritu, se fue profundizando en un prolongado ejercicio, hasta el Huerto de los Olivos y la cruz.

Los cristianos hoy estamos llamados a ser testigos de la oración, que lleva al encuentro con Dios, que nos enseña constantemente a salir de nosotros mismos para ser capaces de mostrarnos cercanos a los demás, especialmente en los momentos de prueba, para llevarles consuelo, esperanza y luz. Que el Señor nos conceda ser capaces de una oración cada vez más intensa, para reforzar nuestra relación personal con Dios Padre.

Jesús se dirige a Dios llamándolo Padre. Este término expresa la conciencia y la certeza de Jesús de ser El Hijo, en íntima y constante comunión con Él, y este es el punto central y fuente de toda oración de Jesús: Jesús dice: Todo me ha sido entregado por mi Padre, y nadie conoce quién es el Hijo sino el Padre; ni quién es el Padre sino el Hijo y a quién el Hijo se lo quiera revelar 257 Jesús por tanto, afirma que sólo el Hijo conoce verdaderamente al Padre. Jesús muestra que el verdadero conocimiento de Dios presupone la comunión con Él: sólo estando en comunión con el otro comienzo a conocerlo; y lo mismo sucede con Dios: sólo puedo conocerlo si tengo contacto verdadero, si estoy en comunión con Él. Por lo tanto, el verdadero conocimiento está reservado al Hijo, al Unigénito que siempre está en el seno del Padre , en perfecta unidad con Él. Solo el Hijo conoce verdaderamente a Dios, al estar en íntima comunión del ser; solo el Hijo puede revelar verdaderamente quien es Dios.

Al nombre Padre le sigue un segundo título, Señor del cielo y de la tierra. Jesús, con esta expresión, recapitula la fe en la creación y hace resonar las primeras palabras de la Sagrada Escritura: "Al principio creó Dios el cielo y la tierra 258 Orando, Él remite a la gran narración bíblica de la historia de amor de Dios por el hombre, que comienza con el acto

254- Marcos 6 45-47
255- Lucas 6 12-13
256- Lucas 10 22
257- Juan 1 18
258-Génesis 1 1

de la creación. Jesús se inserta en esta historia de amor, es su cumbre y plenitud. En su experiencia de oración, la Sagrada Escritura queda iluminada y revive en su más completa amplitud: anuncio del misterio de Dios y respuesta del hombre transformado. Pero a través de la expresión "Señor del cielo y la tierra "podemos también reconocer cómo Jesús, el revelador del Padre, se abre nuevamente al hombre la posibilidad de acceder a Dios.

La revelación divina no tiene lugar según la lógica terrena, para la cual son los hombres cultos y poderosos los que poseen los conocimientos importantes y los trasmiten a la gente sencilla, a los pequeños. Dios ha usado un estilo muy diferente: los destinatarios de su comunicación han sido precisamente los "pequeños".
Esta es la voluntad del Padre y el Hijo comparte con gozo. " Su conmovedor " Sí Padre " expresa el fondo de su corazón, su adhesión al querer del Padre, de la que fue un eco el " Fiat " de su Madre en el momento de la concepción y que preludia lo que dirá a su Padre en su agonía. Toda la oración de Jesús está en esta adhesión amorosa de su corazón de hombre al "misterio de la voluntad "del Padre. 259 De aquí deriva la invocación que dirigimos a Dios Padre en el Padre Nuestro "Hágase tu voluntad en la tierra como en el cielo "; junto con Cristo y en Cristo, también nosotros pedimos entrar en sintonía con la voluntad del Padre, llegando así a ser sus hijos también nosotros.

En los Evangelios se presentan situaciones en las que Jesús ora ante la obra sanadora de Dios Padre, que actúa a través de Él. Se trata de una oración que, una vez más, manifiesta la relación única de comunión con el Padre, mientras Jesús participa con gran cercanía humana en el sufrimiento de sus amigos, por ejemplo de Lázaro y de su familia, o de tantos pobres y enfermos a los que Él quiere ayudar.

Un caso significativo es la curación del sordomudo 260 El relato del Evangelio muestra que la acción sanadora de Jesús está vinculada a su estrecha relación con el prójimo, con el enfermo, como con el Padre. Jesús en el momento de obrar la curación busca directamente la relación con el Padre. El relato dice, en efecto que "mirando al cielo suspiró ". La atención al sordomudo, los cuidados de Jesús hacia Él, están relacionados con una profunda actitud de oración dirigida a Dios. La fuerza que curó al enfermo, fue provocada ciertamente por la compasión hacia él, pero proviene del hecho de que recurre al Padre. Se entrecruzan estas dos relaciones: la relación humana de compasión hacia el hombre, que entra en la relación con Dios y así se convierte en curación.

En el relato del Evangelio Según San Juan, la resurrección de Lázaro 261 se entrelaza la relación de Jesús con un amigo y con su sufrimiento y, por otra la relación filial que Él tiene con el Padre.

259- Efesios 1 9
260- Marcos 7 32-37
261- Juan 11. 1-44

La participación humana de Jesús en el caso de Lázaro tiene rasgos muy particulares: se recuerda en todo el relato la amistad con él y con las hermanas Marta y María, Jesús mismo afirma: "Lázaro nuestro amigo está dormido: voy a despertarlo." El efecto sincero por el amigo también lo, ponen de relieve las hermanas de Lázaro, al igual que los judíos. Se manifiesta en la conmoción profunda de Jesús ante el dolor de Marta y María y de todos los amigos de Lázaro. Llora al acercarse a la tumba, conmovido en su espíritu.

Al leer esta narración, estamos llamados a comprender que en la oración de petición al Señor, no debemos esperar una realización inmediata de lo que pedimos, sino más bien encomendarnos a la voluntad del Padre.

En nuestra oración de petición, alabanza y acción de gracias deberían ir juntas, incluso cuando nos parece que Dios no responde a nuestras expectativas "Apoyada en la acción de gracias, la oración de Jesús nos revela como pedir; antes de que lo pedido sea otorgado, Jesús se adhiere a Aquel que da y que se da en sus dones." 262

Con la oración, Jesús quiere llevar a la fe, a la confianza total en Dios y en su voluntad, y quiere mostrar que Dios ha amado al hombre hasta el punto de enviar a su Hijo Unigénito, es el Dios de la vida, el Dios que trae esperanza y es capaz de cambiar las situaciones humanamente imposibles. La oración confiada es un testimonio vivo de la presencia de Dios en el mundo, de su interés por el hombre, de su obrar para realizar su plan de salvación.

En los evangelios nos presentan un momento muy especial y es la oración de Jesús en la última Cena, en la que Jesús se despide de sus amigos, es la inminencia de su muerte, que Él siente ya cercana. Quiere vivir esta Cena con sus discípulos en una forma muy especial; en su Cena, se dona a sí mismo, de este modo, Jesús celebra su Pascua, anticipa su cruz y su resurrección.

San Pablo y San Lucas hablan de Eucaristía o acción de gracias "Tomando pan, después de pronunciar la acción de gracias, lo partió y se lo dio "263 San Marcos y San Mateo, en cambio ponen de relieve el aspecto de bendición "Tomó pan y pronunciando la bendición, lo partió y se lo dio "264. Ambos términos son acción de gracias y de bendición.

Las palabras de la institución de la Eucaristía se sitúan en el contexto de la oración; en ellas la alabanza y la bendición se transforman en bendición y conversión del pan y del vino en el Cuerpo y en la sangre de Jesús.

262-Catesismo de la Iglesia No 2604
263-Lucas 22 29
264- Marcos 14 22

Jesús muestra una vez más su identidad y la decisión de cumplir hasta lo último, su misión de amor total, de entrega en la obediencia a la voluntad del Padre. En los gestos y palabras vemos claramente que la relación íntima y constante con el Padre, dejando a cada uno de nosotros, el Sacramento del Amor.

Por dos veces en la Cena, resuenan las palabras "Haced esto en memoria Mía "[265] Él celebra la pascua, convirtiéndose en el verdadero Cordero que lleva a cumplimiento todo el culto antiguo, es por eso que San Pablo afirma "Cristo, es nuestra pascua Nuestro Cordero pascual ha sido inmolado "[266]

Participando en la Eucaristía, vivimos de modo extraordinario la oración que Jesús hizo y hace continuamente por cada uno a fin de que el mal, que todos encontramos en la vida, no llegue a vencer, y obre en nosotros la fuerza transformadora de la muerte y resurrección del Señor. En la Eucaristía la iglesia responde al mandato de Jesús "Haced esto en memoria Mía ", repite la oración de acción de gracias y de bendición y, con ella las palabras de la transustanciación del pan y del vino en el Cuerpo y la Sangre del Señor.

En nuestras Eucaristías somos atraídos a aquel momento de oración, nos unimos siempre de nuevo a la oración de Jesús, en donde las palabras de la consagración como parte de la oración rezada junto con Jesús es parte central de la alabanza.

La tradición cristiana la denomina la oración sacerdotal de Jesús. Es la oración de nuestro Sumo Sacerdote, inseparable de su sacrificio, de su paso hacia el Padre donde Él es consagrado enteramente al Padre [267].

La glorificación que Jesús pide para sí mismo, en calidad de Sumo Sacerdote, es el ingreso en la plena obediencia hacia el Padre, una obediencia que lo conduce a su más plena condicione filial " Y ahora Padre, glorifícame junto a Ti con la gloria que yo tenía junto a Ti antes que el mundo existiese [268] Esta petición constituye el primer momento del sacerdocio nuevo de Jesús, que consiste en entregarse totalmente en la cruz, el acto supremo de amor, Él es glorificado, porque el amor es la gloria verdadera, la gloria divina.

El segundo momento de esta oración es la intercesión que Jesús hace por los discípulos que han estado con Él. Son aquellos de los cuales Jesús puede decir al Padre: "He manifestado tu nombre a los que me diste de en medio del mundo. Tuyos eran, y Tú me los diste, y ellos han guardado tu palabra "[269] Manifestar el nombre de Dios los hombres es la realización de una presencia nueva del Padre en medio del pueblo, de la humanidad. Este manifestar no es solo una palabra, sino una realidad en Jesús. Por lo tanto, esta manifestación se realiza en la encarnación del Verbo. En Jesús Dios entra en la carne humana, se hace cercano de modo único. Y esta presencia alcanza su cumbre en el sacrificio que Jesús realiza en su Pascua de muerte y resurrección.

265-1ª Corintios 11 24-25
266-1ª Corintios 5 7-8
267-Catecismo de la Iglesia No 2747
268-Juan 17 5
269-Juan 17 6

En el centro de esta oración de intercesión en favor de los discípulos está la petición de consagración. Jesús dice al Padre: "No son del mundo, como tampoco Yo soy del mundo, Santifícalos en la verdad: tu palabra es verdad. Como Tú me enviaste al mundo, así yo los envió también al mundo. Y por ellos Yo me consagro a Mí mismo, para que también ellos sean consagrados en la verdad "270 Es consagrado quien, como Jesús, es separado del mundo y apartado para Dios para una tarea y estar completamente a disposición de todos. Para los discípulos será continuar la misión de Jesús, entregarse a Dios para estar así en misión para todos. En la tarde de la Pascua, el Resucitado, al aparecerse a sus discípulos, les dirá "Paz a vosotros. Como el Padre me ha enviado, así también os envió Yo "271.

El tercer momento de esta oración sacerdotal, Jesús se dirige al Padre para interceder en favor de todos aquellos que serán conducidos a la fe mediante la misión inaugurada por los apóstoles y continuada en la historia: "No sólo por ellos ruego, sino también por los que crean en Mí por la palabra de ellos " 272 Jesús ruega por la iglesia de todos los tiempos, ruega también por nosotros "Jesús ha cumplido toda la obra del Padre, y su oración, al igual que su sacrificio, se extiende hasta la consumación de los siglos. La oración de la Hora de Jesús llena los últimos tiempos y los lleva a su consumación "273

Podemos decir que en la oración sacerdotal de Jesús se cumple la institución de la Iglesia. Precisamente aquí, en el acto de la última Cena, Jesús crea la Iglesia, que nace de su oración y ruega para que sus discípulos sean uno y vivir la misión que le ha sido confiada para que el mundo crea en el Hijo y en el Padre que lo envió. La iglesia se convierte entonces en el lugar donde continúa la misión de Cristo.

La oración de Jesús en Getsemaní, en el Huerto de los Olivos. Después de la última Cena, Jesús ora juntamente con sus discípulos. "Después de cantar el himno, salieron para el monte de los olivos "274
Jesús invita a Pedro, Santiago y Juan a que estén más cerca. Son los discípulos que había llamado a estar con Él, en el monte donde ocurrió la trasfiguración, y les dirige una expresión del Salmo 43 "Mi alma está triste" 275 las palabras de Jesús durante la oración revelan en qué medida experimenta miedo y angustia en aquella hora, experimenta la última y profunda soledad precisamente mientras está llevando a cabo el designio de Dios.

Jesús continua su oración "Padre Tú lo puedes todo, aparta de mi este cáliz. Pero no sea como Yo quiero, sino como Tú quieres "276. En esta invocación hay tres pasajes reveladores. Al comienzo tenemos el término con el que Jesús se dirige a Dios. "Abba Padre "donde expresa esa relación de ternura, de afecto, de confianza, de abandono. En la

270-Juan 17 16-19
271-Juan 20 21
272-Juan 17 20
273-Catecismo de la Iglesia No 2749
274-Marcos 14 26
275-Samo 43 5
276-Marcos 14 32

parte central de la invocación está el segundo elemento: "Tú lo puedes todo", que introduce una petición en la que, una vez más aparece la voluntad humana de Jesús ante la muerte. Hay una tercera expresión de la oración de Jesús, y es la expresión decisiva, donde la voluntad humana se adhiere plenamente a la voluntad divina. En efecto, Jesús concluye diciendo: "Pero no sea como Yo quiero, sino como Tú quieres "277

La oración de Jesús durante su agonía en el huerto de Getsemaní y sus últimas palabras en la cruz revelan la profundidad de su oración filial: Jesús lleva a cumplimiento el designio amoroso del Padre, y toma sobre sí todas las angustias de la humanidad, todas las súplicas e intercesiones en la historia de la salvación; las presenta al Padre, quien las acoge y escucha, más allá de toda esperanza, resucitándolo de entre los muertos 278
La oración de Jesús ante la inminencia de la muerte, ante los insultos, ante la oscuridad que lo cubre todo, manifiesta a Dios la tensión entre sentirse solo y la consciencia cierta de la presencia de Dios en medio de su Pueblo. "Dios Mío, de día te grito y no me respondes; de noche, y no me haces caso. Porque Tú eres el Santo y habitas entre las alabanzas de Israel. 279 El salmista habla de grito, para expresar ante Dios, aparentemente ausente, todo el sufrimiento de su oración; en el momento de angustia la oración se convierte en un grito.

Y esto sucede también en nuestra relación con el Señor: ante las situaciones más difíciles y dolorosas, cuando parece que Dios no escucha, no debemos temer confiarle a Él el peso que llevamos en nuestro corazón, no debemos tener miedo de gritarle nuestro sufrimiento; debemos estar convencidos que Dios está cerca, aunque en apariencia calle.

Jesús hace suyo, el sufrimiento de toda la humanidad a causa de la opresión del mal; y, al mismo tiempo, lleva todo esto al corazón de Dios mismo con la certeza de que su grito será escuchado en la Resurrección: "El grito en el extremo tormento es al mismo tiempo certeza de la respuesta divina, certeza de la salvación, para muchos" 280 Jesús deja que su corazón exprese el dolor, pero deja brotar, al mismo tiempo, el sentido de la presencia del Padre y el consenso a su designio de salvación de la humanidad. También nosotros nos encontramos ante el sufrimiento, del silencio de Dios; lo expresamos muchas veces en nuestra oración, pero también nos encontramos ante la Resurrección, de la respuesta de Dios que tomó sobre Sí nuestros sufrimientos, para cargarlos juntamente con nosotros y darnos la firme esperanza que serán vencidos.

277-Marcos 14 36
278-Catecismo de la Iglesia No 543
279-Salmo 22 3-4
280-Jesús de Nazaret II S.S. Benedicto XVI

La primera oración que Jesús dirige al Padre es de intercesión: pide perdón, para sus verdugos. Así Jesús realiza en primera persona lo que había enseñado, cuando dijo "A vosotros que me escucháis os digo: amad a vuestros enemigos, haced el bien a los que os odian "[281]

Jesús en la cruz también trasmite una palabra de esperanza, es la respuesta a la oración del buen ladrón, que se arrepiente, se da cuenta que se encuentra ante el Hijo de Dios, que hace visible el Rostro mismo de Dios, y le suplica "Jesús, acuérdate de mí cuando llegues a tu Reino" la respuesta del Señor a esta oración va mucho más allá de la petición: y le dice: "En verdad te digo: hoy estarás conmigo en el paraíso. Jesús consiente que entra directamente en comunión con el Padre y que abre nuevamente al hombre el camino hacia el paraíso de Dios. Así, a través de esta respuesta da la firme esperanza que la bondad de Dios puede tocarnos incluso en el último instante de la vida, y la oración sincera, incluso después de una vida equivocada, encuentra los brazos abiertos del Padre bueno que espera el regreso de su hijo.

La oración de Jesús, en este momento de sufrimiento, "Padre a tus manos encomiendo mi espíritu" es un fuerte grito de confianza extrema y total en Dios. Esta oración expresa la plena consciencia de no haber sido abandonado.

Las palabras pronunciadas por Jesús después de la invocación "Padre" retoman una expresión del salmo 31 "A tus manos encomiendo mi espíritu" [282] Jesús se entrega al Padre en un acto de total abandono. Estas palabras son una oración de abandono, llena de confianza en el amor de Dios. La oración de Jesús ante la muerte es dramática como lo es para cualquier hombre, pero al mismo tiempo, está empapada de esa calma profunda que nace de la confianza en el Padre de la voluntad de entregarse totalmente a Él.

Las palabras de Jesús en la cruz ofrecen premisas comprometedoras a nuestra oración, pero la abren también a una serena confianza y a una firme esperanza. Jesús pide al Padre que perdone a los que lo están crucificando, nos invita al difícil gesto de orar incluso por aquellos que nos han hecho mal, nos han perjudicado, sabiendo perdonar siempre, a fin de que la luz de Dios ilumine su corazón; y nos invita a vivir, en nuestra oración la misma actitud de misericordia y de amor que Dios tiene para con nosotros" perdona nuestras ofensas como también nosotros perdonamos a los que nos ofenden". Al mismo tiempo, Jesús, que en el momento de la muerte se abandona totalmente en las manos de Dios Padre, nos comunica la certeza de que, por más duras que sean las pruebas, los problemas y el sufrimiento nunca caeremos fuera de las manos de Dios, esas manos que nos han creado, nos sostienen y nos acompañan en el camino de la vida, porque las guía un amor infinito y fiel.

281-Lucas-6 27
282-Salmo 31 6

La cruz de Cristo no sólo muestra el silencio de Jesús como su última palabra al Padre, sino que revela también que Dios habla a través del silencio: el silencio de Dios, la experiencia de lejanía del Padre, es una etapa decisiva en el camino terreno del Hijo de Dios, Palabra encarnada. Colgado del leño de la cruz, se quejó del dolor causado por este silencio:" Dios mío, Dios mío ¿Por qué me has abandonado?" La experiencia de Jesús en la cruz es profundamente reveladora de la situación del hombre que ora y del culmen de la oración: después de haber escuchado y reconocido la Palabra de Dios, debemos considerar también el silencio de Dios, expresión importante de la misma Palabra Divina.

En la acogida de la Palabra de Dios. Es necesario el silencio interior y exterior para poder escuchar esa Palabra. Se trata de un punto particular difícil para nosotros en nuestro tiempo. En consecuencia, en nuestra época no se favorece el recogimiento; es más, a veces de la impresión de que se siente miedo de apartarse, incluso por un instante. Por ello, es necesario de educarnos en el valor del silencio.

Los Evangelios muestran cómo Jesús, sobre todo en las decisiones decisivas, se retiraba solo a un lugar apartado de la multitud, e incluso de los discípulos, para orar en el silencio.

El silencio es capaz de abrir un espacio interior en lo más íntimo de nosotros mismos, para hacer que allí habite Dios, para que su Palabra permanezca en nosotros, para que el amor a Él prevalezca en nuestra mente y en nuestro corazón, y anime nuestra vida.

El cristiano bien sabe que el Señor está presente y escucha, incluso en la oscuridad del dolor, del rechazo y de la soledad. Jesús asegura a sus discípulos y a cada uno de nosotros que Dios conoce bien nuestras necesidades en cualquier momento de nuestra vida. Él enseña a sus discípulos: "Cuando recéis, no uséis muchas palabras, como los gentiles, que se imaginan que por hablar mucho les harán caso. No seáis como ellos, pues vuestro Padre sabe lo que os hace falta antes de que lo pidáis" [283]

LA ORACION EN LOS HECHOS DE LOS APÓSTOLES

El camino inicial de la iglesia está marcado, ante todo por la acción del Espíritu Santo, que transforma a los Apóstoles en testigos del resucitado. El Señor entrega a los discípulos el programa de su existencia dedicada a la evangelización y dice: "Recibiréis la fuerza del Espíritu Santo que va a venir sobre vosotros y seréis mis testigos en Jerusalén, en toda Judea y Samaria, y hasta el confín de la tierra" [284] En Jerusalén los Apóstoles, ya sólo eran once, se encuentran reunidos en casa para orar, y es precisamente en la oración como esperan el don prometido por Cristo resucitado, el Espíritu Santo.

Entre la Ascensión y Pentecostés, san Lucas menciona por última vez a María, la Madre de Jesús, y a sus parientes. A María le dedicó las páginas iniciales de su Evangelio, desde el anuncio del ángel hasta el nacimiento y la infancia del Hijo de Dios hecho hombre. Con María comienza la vida terrena de Jesús y con María inician también los primeros pasos de la Iglesia; en ambos momentos, el clima es el de la escucha de Dios, del recogimiento.

283-Mateo 5 7-8
284-Hechos 1 8

María siguió con discreción todo el camino de su Hijo durante la vida pública hasta la cruz y ahora sigue también, con una oración silenciosa, el camino de la Iglesia. En la Anunciación, en la casa de Nazaret, María recibe al ángel de Dios, está atenta a sus palabras, las acoge y responde al proyecto divino, manifestando su plena disponibilidad: "He aquí la esclava del Señor, hágase en mí según tu voluntad" 285 María precisamente por la actitud interior de escucha, es capaz de leer su propia historia, reconociendo con humildad que es el Señor quien actúa. En su visita a su prima Isabel, exclama una oración de alabanza y de alegría, de celebración de la gracia divina, que ha colmado su corazón y su vida, convirtiéndola en Madre del Señor 286. María no sólo mira lo que Dios ha obrado en ella, sino también lo que ha realizado y realiza continuamente en la historia.

También en el Cenáculo, en Jerusalén, "en la sala del piso superior, donde solían reunirse" los discípulos de Jesús 287 en un clima de escucha y de oración, ella está presente, antes de que se abran de par en par las puertas y ellos comiencen a anunciar a Cristo Señor a todos los pueblos, enseñándoles a guardar todo lo que Él les había mandado 288

La presencia de la Madre de Dios con los Once, después de la Ascensión, no es, por tanto, una simple anotación histórica de algo que sucedió en el pasado, sino que asume un significado de gran valor, porque con ellos comparte lo más precioso que tiene: la memoria viva de Jesús, en la oración; comparte esta misión de Jesús: conservar la memoria de Jesús y así conservar su presencia.

Venerar a la Madre de Jesús en la Iglesia significa, por consiguiente, aprender de ella a ser comunidad que ora: esta es una de las notas esenciales de la primera descripción de la comunidad cristiana trazada en los Hechos de los Apóstoles. Con frecuencia se recurre a la oración por situaciones de dificultad, por problemas personales que impulsan a dirigirse al Señor para obtener luz, consuelo, y ayuda. María invita en la oración, a dirigirse a Dios no sólo en la necesidad y no sólo para pedir por sí mismos, sino también de modo unánime, perseverante y fiel, con "un solo corazón y una sola alma" 289.

Como sucedió a la primera comunidad cristiana, la oración nos ayuda a leer la historia personal y colectiva en el aspecto más adecuado y fiel a Dios. Y también nosotros queremos renovar la petición del don del Espíritu Santo, para que caliente el corazón e ilumine la mente, a fin de reconocer que el Señor realiza nuestras invocaciones según su voluntad de amor y no según nuestras ideas. Guiados por el Espíritu de Jesucristo, seremos capaces de vivir con serenidad, valentía y alegría cualquier situación de la vida.

La iglesia, desde sus inicios, tuvo que afrontar situaciones imprevistas, a las que trató de dar respuesta a la luz de la fe, dejándose guiar por Espíritu Santo. La primera comunidad cristiana, tuvo que afrontar la pastoral de la caridad en favor de las personas solas e indefensas. Los de la lengua griega comenzaban a quejarse contra los de la lengua hebrea, porque el servicio diario no se atendía a sus viudas. 290 Ante esta situación, los Apóstoles,

285-Lucas 1 38
286-Lucas 1 46-55
287-Hechos 1 33
288-Mateo 28 19-20
289-Hechos 4 32
290-Hechos 6 1

convocan a todo el grupo de los discípulos, consideran igual el deber de la caridad, es decir el deber de asistir a la viudas, y a los pobres para responder al mandato de Jesús: "Amaos los unos a los otros como yo os he amado" 291 Por consiguiente, las dos realidades que debe vivir la Iglesia; el anuncio de la Palabra y la caridad

La reflexión de los Apóstoles es muy clara. Dicen: "No nos parece descuidar la Palabra de Dios para ocuparnos del servicio de las mesas. Por tanto escojan a siete de ustedes, hombres de buena fama, llenos de espíritu y sabiduría y les encargaremos esta tarea. Nosotros nos dedicaremos a la oración y al servicio de la Palabra" 292

La Iglesia no sólo debe anunciar la Palabra, sino también realizarla en la caridad. Sin la oración diaria vivida con fidelidad, la actividad de la caridad se reduce a un simple activismo que, al final nos puede dejar insatisfechos. Cada paso de nuestra vida, cada acción, también de la Iglesia, se debe hacer ante Dios, a la luz de su Palabra.

La primera comunidad cristiana, en la oración y en la meditación de la Sagrada Escritura, pudo comprender las situaciones que estaban sucediendo. Cuando la oración se alimenta de la Palabra de Dios, podemos ver la realidad con nuevos ojos, con los ojos de la fe, y el Señor, que habla a la mente y al corazón, da nueva luz al camino en todo momento y en toda situación. Nosotros creemos en la fuerza de la palabra de Dios y de la oración. Incluso la dificultad que estaba viviendo la Iglesia ante el problema del servicio a los pobres, se supera en la oración, a la luz de Dios, del Espíritu santo. Los Apóstoles ratifican la elección de Esteban y los demás hombres, sino que después de orar les impusieron las manos.
Con el gesto de la imposición de manos los Apóstoles confieren un ministerio particular a siete hombres; no se trata simplemente de conferir un encargo como sucede en una organización social, sino que es un evento eclesial en el que el Espíritu Santo, se apropia de los siete hombres escogidos, consagrándolos.

También en el libro de los Hechos de los Apóstoles, hay una narración, marcada por una vez más por la oración. En la vida del apóstol San Pedro, nos muestra su encarcelamiento por orden de Herodes Agripa y su liberación por la intervención prodigiosa del ángel del Señor, en vísperas de su proceso en Jerusalén 293 San Lucas escribe: "Mientras Pedro estaba en la cárcel bien custodiado, la Iglesia oraba insistentemente a Dios por él" 294. Y después de salir milagrosamente de la cárcel, con ocasión de su visita a la casa de María, la madre de Juan llamado Marcos, se afirma que había muchos reunidos en oración.

291-Juan 15 12-17
292-Hechos 6 2-4

293-Hechos 12 1-17
294-Hechos 12 5

Pedro vive la noche de la prisión, y de la liberación de la cárcel como un momento de su seguimiento al Señor, que vence las tinieblas de la noche y libra de la esclavitud de las cadenas y del peligro de la muerte.

La comunidad cristiana vive una situación no fácil; y es la que nos narra el apóstol Santiago en su carta, es una comunidad en crisis en dificultad, no tanto por las persecuciones, sino porque existen celos y disputas 295 Y el apóstol se pregunta porque de esa situación y encuentra dos motivos principales: el primero es el dejarse dominar por las pasiones, por la dictadura de sus deseos de placer, de su egoísmo 296 el segundo es la falta de oración "no pedís "o la presencia de una oración que no se puede definir como tal "Pedís y no recibís, porque pedís mal, con la intención de satisfacer vuestras pasiones" 297 Debemos aprender siempre de nuevo a orar bien, orar realmente, orientarse hacia Dios y no hacia el propio bien.

LA ORACIÓN Y EL APÓSTOL DE LOS GENTILES SAN PABLO.

Hablar de la oración en las cartas de san Pablo, tiene como primer elemento que el Apóstol quiere hacernos comprender es que la oración no se debe ver como una simple obra buena realizada por nosotros para Dios, una acción nuestra. Es ante todo un don, un fruto de la presencia viva, vivificante del Padre y de Jesucristo en nosotros. En la carta a los Romanos escribe: "Del mismo modo el Espíritu acude en ayuda de nuestra debilidad, pues nosotros no sabemos orar como conviene, pero el espíritu mismo intercede por nosotros" 298 Queremos orar, pero Dios está lejos, no tenemos las palabras, el lenguaje, para hablar con Dios, ni siquiera el pensamiento. Sólo podemos poner nuestro tiempo a disposición de Dios, esperar que Él nos ayude a entrar en un verdadero dialogo.

La oración, más que en otras dimensiones de la existencia, experimentamos nuestra debilidad, nuestra pobreza, nuestro ser criaturas, pues nos encontramos ante la omnipotencia y la trascendencia de Dios. Para san Pablo la oración es sobre todo obra del Espíritu Santo en nuestra humanidad, para hacerse cargo de nuestra debilidad y transformarnos de personas vinculados a las realidades materiales en personas espirituales.
Al habitar en nuestra fragilidad humana, el Espíritu Santo nos cambia, intercede por nosotros y nos conduce hacia las alturas de Dios.

Con la oración animada por el Espíritu somos capaces de abandonar y superar cualquier forma de miedo o de esclavitud, viviendo la auténtica libertad de los Hijos de Dios. Sin la oración que alimenta cada día nuestro ser en Cristo, en una relación que crece progresivamente. Experimentamos la libertad que nos ha dado el Espíritu, para poder seguir realmente el deseo del bien, de la verdadera alegría, de la comunión con Dios, y no ser oprimido por las circunstancias que nos llevan por otros caminos.

295-Santiago 3 14-16
296-Santiago 4 1-12
297-Santiago 4 3
298-Romanos 8 26

Cuando dejamos actuar en nosotros al Espíritu de Cristo es que la relación misma con Dios, se hace tan profunda que no altera ninguna realidad o situación. Entonces comprendemos que con la oración no somos liberados de las pruebas o de los sufrimientos, sino que podemos vivirlos en unión con Cristo, con sus sufrimientos, y en la perspectiva de participar también en su gloria 299 Muchas veces, en nuestra oración, pedimos a Dios que nos libre del mal físico y espiritual, y lo hacemos con gran confianza. Sin embargo, a menudo tenemos la impresión de que no nos escucha y entonces corremos el peligro de desalentarnos y de no perseverar. En realidad, no hay oración que Dios no escuche, y precisamente en la oración constante y fiel comprendemos que "Los sufrimientos de ahora no se pueden comparar con la gloria que un día se nos manifestará" 300

San Pablo dice que el Espíritu Santo es el gran maestro de la oración y nos enseña a dirigirnos a Dios con los términos afectuosos de los hijos, llamándolo "Abba Padre ". Eso hizo Jesús que nunca perdió la confianza en el Padre. Ya desde los primeros pasos de su camino, la Iglesia acogió esta invocación y la hizo suya, sobre todo en la oración del padre nuestro.

Tal vez el hombre de hoy no percibe la grandeza y el consuelo que contiene la palabra "Padre", con la que nos podemos dirigir a Dios en la oración, porque hoy a menudo no está suficientemente presente la figura paterna, y con frecuencia incluso no es suficientemente positiva en la vida diaria. La ausencia del padre, el problema de un padre que no está presente en la vida del niño, es un gran problema de nuestro tiempo, porque resulta difícil comprender en su dimensión que quiere decir que Dios es Padre para nosotros.

Es precisamente el amor de Jesús, que llega hasta el don de Sí mismo en la cruz, el que revela la verdadera naturaleza del Padre: Él es amor, y también nosotros con la oración de hijos, entramos como seres humanos a ser creados a imagen de Dios 301

El Espíritu de Cristo nos abre a la dimensión de la paternidad de Dios, más allá de la creación, pues Jesús es el Hijo en sentido pleno, de la misma naturaleza del Padre, como lo profesamos en el Credo. Al hacerse humano como nosotros, con la encarnación, la muerte y resurrección, Jesús a su vez nos acoge en su humanidad y en su mismo ser Hijo, de modo que nosotros podamos entrar en su pertenencia específica a Dios. Nuestro ser hijos de Dios no tiene la plenitud de Jesús: nosotros debemos llegar a serlo cada vez más, a lo largo del camino de toda nuestra existencia cristiana, creciendo en el seguimiento a Cristo, en la comunión con Él para entrar cada vez más en la relación de amor con Dios Padre.

299-Romanos 8. 17
300-Romanos 8 18
301-Génesis 1 27

Comprendemos que la oración del Espíritu de Cristo en nosotros y la nuestra en Él, no es sólo un acto individual, sino un acto de toda la Iglesia. Al orar, se abre nuestro corazón, entramos en comunión no sólo con Dios, sino también con todos los hijos de Dios, porque somos uno. Cuando nos dirigimos al Padre en nuestra morada interior, en el silencio y en el recogimiento, nunca estamos solos. Quien habla con Dios no está solo. Estamos inmersos en la gran oración de la Iglesia, somos parte de una comunidad cristiana esparcida por todos los rincones de la tierra.

Pero también aprendemos a clamar "Abba Padre" con María, la Madre del Hijo de Dios. La plenitud de los tiempos, de la que habla san Pablo en la que 302 se realizó en el momento del "Sí" de María, de su adhesión plena a la voluntad de Dios "He aquí la esclava del Señor" 303. La oración de María al Padre está reflejada en el magnifica que es el cántico de María, en donde alaba las grandeza del Señor.

La fe no es, primeramente, acción humana, sino don gratuito de Dios, que arraiga en su fidelidad, que nos hace comprender cómo vivir nuestra existencia amándolo a Él y a los hermanos. Toda la historia de la salvación es un progresivo revelarse de esta fidelidad de Dios, a pesar de nuestras infidelidades y nuestras negaciones, con la certeza de que los dones y la llamada de Dios son irrevocables.

El modo de actuar de Dios es muy distinto al nuestro, nos da consuelo, fuerza, y esperanza porque Dios es infinitamente misericordioso, rico en piedad, que transforma nuestra existencia, para que estemos cada vez más cerca del Él, ofreciéndonos a lo largo de nuestro caminar en la luz, fuente de toda verdad.

En la oración, en la contemplación diaria del Señor recibimos la fuerza del amor de Dios y sentimos que son verdaderas las palabras del Apóstol "Pues estoy convencido que ni la muerte, ni la vida, ni los ángeles, ni principados, ni presente, ni futuro, ni potencias, ni altura, ni profundidad, ni ninguna otra criatura podrá separarnos del amor de Dios, manifestado en Cristo Jesús, nuestro Señor" 304

En un mundo en el que corremos el peligro de confiar solamente en la eficiencia y en el poder de los medios humanos, en este mundo estamos llamados a redescubrir y testimoniar el poder de Dios que se comunica en la oración, con la crecemos cada día conformando nuestra vida a la de Cristo, el cual fue crucificado y vive para todos nosotros.

Con mucha frecuencia nuestra oración es de petición, de ayuda en las necesidades. Y es incluso normal para el hombre, porque necesitamos ayuda, tenemos necesidad de los demás, tenemos necesidad de Dios, es normal pues pedir algo a Dios, buscar su ayuda. Tengamos presente que la oración que el Señor nos enseñó, el Padre nuestro, es una oración de petición, y con esta oración el Señor nos enseña también agradecer, vemos

302-Gálatas 4 4
303-Lucas 1 38
304-Romanos 8 38-39

que de Dios recibimos muchas cosas buenas: es tan bueno con nosotros que conviene y es necesario darle gracias. Y debe ser también oración de alabanza: si nuestro corazón está abierto a pesar de todos los problemas, también vemos la belleza de su creación, la bondad que se manifiesta en su creación. Por lo tanto, no solo debemos pedir, sino también alabar y dar gracias: sólo de este modo nuestra oración es completa.

En la cruz de Cristo el hombre es redimido, y se invierte la experiencia de Adán, creado a imagen y semejanza de Dios, pretendió ser como Dios con sus propias fuerzas, ocupar el lugar de Dios, y así perdió la dignidad que se le había dado. Jesús en cambio, era de condición divina, pero se humillo, se sumergió en la condición humana, en la fidelidad total al Padre, para redimir al Adán que hay en nosotros y devolver al hombre la dignidad que había perdido, se hizo obediente, restituyendo a la naturaleza humana a través de su humanidad y su obediencia, lo que había perdido por la desobediencia de Adán.

El hombre sólo se encuentra saliendo de sí mismo. Sólo si salimos de nosotros mismos nos reencontramos. Adán quiso imitar a Dios, cosa que en sí misma no está mal, pero se equivocó en la idea de Dios. Dios no es alguien que sólo quiere grandeza. Dios es amor que ya se entrega en la Trinidad y luego en la creación, imitar a Dios quiere decir salir de sí mismo, entregarse en el amor. Es importante recordar siempre en nuestra oración y en nuestra vida que el ascenso a Dios se produce precisamente en el descenso del servicio humilde, en el descenso del amor, que es la esencia de Dios, exaltado en la última cena cuando se inclina a lavar los pies a sus Apóstoles 305

En la carta de san Pablo a los Filipenses, nos ofrece un himno, con dos indicaciones importantes para nuestra oración: la primera es la invocación "Señor "dirigida a Jesucristo, sentado a la derecha del Padre: Él es el único Señor de nuestra vida, en medio de tantos dominadores que la quieren dirigir y guiar. Por ello, es necesario tener una escala de valores en la que el primado corresponda a Dios, para afirmar como san Pablo "Todo lo considero pérdida comparado con la excelencia del conocimiento de Cristo Jesús mi Señor" 306 El encuentro con el Resucitado le hizo comprender que Él es el único tesoro por el cual vale la pena gastar la propia existencia.

La segunda indicación es la postración, el doblarse de rodillas en la tierra y en el cielo, que remite a una expresión del profeta Isaías, donde indica la adoración que todas criaturas deben a Dios. 307. La genuflexión ante el Santísimo Sacramento o el ponerse de rodillas durante la oración expresan precisamente la actitud de adoración ante Dios, cuando nos arrodillamos ante el Señor confesamos nuestra fe en Él, reconociendo que es el único Señor de nuestra vida.

305-Juan 13 12-14
306-Filipenses 3 8

307-Isaías 45 23

LA ORACIÓN EN EL LIBRO DEL APOCALISPSIS,

La oración en el libro del Apocalipsis, es un libro difícil, pero que contiene una gran riqueza. Nos pone en contacto con la oración viva y palpitante de la asamblea cristiana, reunida en el día del Señor 308 esta es, en efecto, la línea de fondo en la que se mueve todo el texto.

La primera parte del Apocalipsis, presenta en la actitud de la asamblea que ora tres fases sucesivas. La primera es un dialogo que se hace entre la asamblea congregada y el lector, el cual le dirige una bendición: "Gracia y paz a vosotros "309. El lector prosigue la procedencia de esta bendición: deriva de la Trinidad: del Padre, del Espíritu Santo, de Jesucristo unidos en la realización del proyecto creativo y salvífico para la humanidad. 308

La segunda fase de la oración de la asamblea profundiza la relación con Jesucristo: el Señor se muestra, habla, actúa; y la comunidad, cada vez más cercana a Él, escucha, y acoge. La oración de la asamblea que escucha asume gradualmente una actitud contemplativa, es en la oración donde sentimos la presencia de Jesús con nosotros y en nosotros. Cuando más y mejor oramos con constancia, tanto más nos asemejamos a Él, recibiendo serenidad y esperanza.

La tercera fase, el lector propone a la asamblea un mensaje en el que Jesús habla en primera persona. Dirigido a siete iglesias situadas en Asia Menor en torno a Éfeso, el discurso de Jesús parte de la situación particular de cada Iglesia, Jesús entra inmediatamente en lo más delicado de la situación de cada iglesia, evidenciando luces y sombras y dirigiéndole una invitación "Conviértete, mantén los que tienes, haz la obras primeras, ten, pues celo y conviértete" 310 Esta palabra de Jesús, si se escucha con fe, comienza inmediatamente a ser eficaz: la iglesia en oración, acogiendo la Palabra del Señor, es transformada. Todas las iglesias deben ponerse en atenta escucha del Señor, abriéndose al Espíritu como Jesús pide con insistencia. La asamblea escucha el mensaje recibiendo un estímulo para el arrepentimiento, la conversión, la perseverancia, el crecimiento en el amor y la orientación para el camino.

El Apocalipsis nos dice que la oración alimenta en cada uno de nosotros y en nuestras comunidades, la luz y la esperanza: nos invita a no dejarnos vencer por el mal, sino a vencer el mal con el bien, a mirar a Cristo crucificado y resucitado que nos asocia a su victoria. La Iglesia vive en la historia, no se cierra en sí misma, sino que afronta con valentía su camino en medio de dificultades y sufrimientos, afirmando con fuerza que el mal, en definitiva, no vence al bien, la oscuridad no aplaca es esplendor de Dios. Este es un punto muy importante: como cristianos nunca podemos ser pesimistas; sabemos bien que en el camino de nuestra vida encontramos a menudo violencia, mentira, odio, persecución, pero esto no nos desalienta. La oración sobre todo, nos educa a ver los

308-Apocalipsis 1 10
309-Apocalipsis 1 4-8
310-Apocalipsis 2 5-16 y 3 19

signos de Dios, su presencia y acción; es más, a ser nosotros mismos luces de bien que difundan esperanza e indiquen que la victoria es la de Dios.

Esta perspectiva lleva a elevar a Dios y al Cordero la acción de gracias y la alabanza: los veinticuatro ancianos y los cuatro seres vivientes cantan juntos el "Cantico nuevo "que celebra la obra de Cristo Cordero, el cual hará nuevas todas las cosas 311 Pero esta renovación es, ante todo, un don que se ha de pedir. Aquí encontramos otro elemento que debe caracterizar la oración: invocar con insistencia al Señor para que venga su Reino, para que el hombre tenga un corazón dócil al señorío de Dios, para que sea su voluntad la que oriente nuestra vida y la del mundo. En el Apocalipsis esta oración de petición está representada por un detalle importante: los veinticuatro ancianos y los cuatro seres vivientes tiene en la mano, junto a la cítara que acompaña su canto. "Copas de oro llenas de perfume" que es la visión de la oración de los santos, es decir, de aquellos que han llegado a Dios, pero también de todos nosotros que nos encontramos en camino. Y vemos que un ángel, delante del trono de Dios, tiene en la mano un incensario de oro en el que pone continuamente los granos de incienso, es decir nuestras oraciones, cuyo suave olor se ofrece juntamente con las oraciones que suben hasta Dios. 312 Es un simbolismo que nos indica cómo todas nuestras oraciones, son casi purificadas y llegan al corazón de Dios. Debemos estar seguros que no existen oraciones inútiles, ninguna se pierde. Las oraciones encuentran respuesta, aunque a veces misteriosa, porque Dios es Amor y Misericordia infinita. El ángel, como escribe san Juan "Tomo el incensario, lo llenó de fuego del altar y lo arrojó a la tierra: hubo truenos, voces, relámpagos y un terremoto "313 Está imagen significa que Dios no es insensible a nuestras suplicas, interviene y hace sentir su poder y su voz sobre la tierra, hace temblar y destruye al maligno. Ante el mal a menudo se tiene la sensación de no poder hacer nada, pero precisamente nuestra oración es la respuesta primera y más eficaz que podemos dar y que hace más fuerte nuestro esfuerzo cotidiano por difundir el bien. El poder de Dios hace enriquecer nuestra debilidad 314

311-Apocalipsis 21 5
312-Apocalipsis 8 1-14
313-Apocalipsis 8 5
314-Romanos 8 26-27

Conclusión:

No olvidemos que a Cristo Nuestro Señor, lo descubrimos, lo conocemos como Persona viva, en la Iglesia. La Iglesia es su cuerpo. Esa corporeidad puede ser comprendida a partir de las palabras bíblicas sobre el hombre y sobre la mujer. Los dos serán una misma carne. El vínculo inseparable entre Cristo y la Iglesia, a través de la fuerza unificadora del amor, no anula el "Tu "y el "Yo "sino que los eleva a la unidad más profunda. Encontrar la propia identidad en Cristo significa llegar a la comunión con Él, que no me anula, sino que me eleva a una dignidad más alta. La dignidad de hijo de Dios en Cristo Jesús.

El final de este libro no significa otra cosa que el llamado a iniciar o a continuar con entusiasmo y generosidad el trabajo evangelizador.
Hemos reflexionado a lo largo de estas páginas, como ampliar los conocimientos acerca de la catequesis, para de esta manera fomentar la Palabra de Dios, los Sacramentos y la Oración.
Este libro tiene el carácter de "instrumento" y por lo tanto sólo tiene valor y utilidad, si se encuentra en unas manos que lo usen adecuadamente, un corazón, una voluntad y un espíritu pastoral y apostólico.

Printed by Books on Demand GmbH, Norderstedt / Germany